大学生生命健康教育

DAXUESHENG SHENGMING JIANKANG JIAOYU

主 编｜赵 立 吴宗辉 张韩笑

西南大学出版社
国家一级出版社 全国百佳图书出版单位

图书在版编目(CIP)数据

大学生生命健康教育 / 赵立，吴宗辉，张韩笑主编
. — 重庆：西南大学出版社，2022.3
ISBN 978-7-5697-0773-1

Ⅰ. ①大… Ⅱ. ①赵… ②吴… ③张… Ⅲ. ①健康教育－高等学校－教材 Ⅳ. ①G647.9

中国版本图书馆CIP数据核字(2022)第033807号

大学生生命健康教育

赵立　吴宗辉　张韩笑　主编

责任编辑：周明琼
责任校对：翟腾飞
装帧设计：闰江文化
排　　版：张　祥
出版发行：西南大学出版社(原西南师范大学出版社)
地　　址：重庆市北碚区天生路2号
邮　　编：400715
电　　话：023-68868624
印　　刷：重庆新生代彩印技术有限公司
幅面尺寸：185mm × 260mm
印　　张：11.75
字　　数：250千字
版　　次：2022年3月 第1版
印　　次：2022年3月 第1次印刷
书　　号：ISBN 978-7-5697-0773-1
定　　价：39.00元

编委会

序

本书的编写基于多年大学生生命健康教育工作的实际，同时我们力求做到学术性与人文性的结合，既要有坚实的学术内涵，又要有温暖的人性关怀。因此，我们从生命是什么、大学生生理健康教育、大学生心理健康教育、大学生生命意识教育、大学生生命美学教育等方面来阐释理论、融合实践。

基于“无须争辩的学习，内容确定的教育”的实际，书中总结了同学们关于生命意义的思考，得到三个关键词——遇见、看准、解决。

我们读大学的目的，除了增长知识才干外，遇见（见识）是最大的想法——遇见更多的人，比如那些更厉害的人、更有趣的人、更有内涵的人；遇见更多的事，比如那些更好的事、更好玩的事、更正能量的事。那如何才能遇见呢？随着时间的推移与自身的努力，我们逐渐有了更多的遇见。但在遇见了越来越多的人和事后，却有了新的烦恼——怎么看准。专业学习与社会实践、学科竞赛与文体特长、组织管理与创新创业，什么好？什么最好？选择什么？放弃什么？为什么越来越看不准？在更多的自我挣扎或高人指点后，我们终于认准一条道上路了。在路上，我们又会面对新的问题，如学业压力与生活压力，考研与就业，感情与友情，个人信仰的建立与完善，心理素质的强化与提升，我们要一起来试着了解这些问题，分析这些问题，解决这些问题。

翻看第一页，你们会看到我们的初心；合上最后一页，愿你们能得始终——生命万岁。

前言

2016年8月20日，习近平总书记出席全国卫生与健康大会时指出，要倡导健康文明的生活方式，树立大卫生、大健康的观念，把以治病为中心转变为以人民健康为中心，建立健全健康教育体系，提升全民健康素养，推动全民健身和全民健康深度融合。2017年10月18日，习近平总书记在党的十九大报告中提出"人民健康是民族昌盛和国家富强的重要标志"，强调了人民健康在健康中国里的重要意义。

大学生生命健康是现代社会重要的卫生保健内容。中华民族的伟大复兴需要一代又一代人的不懈努力，每一代青年都肩负着自身的历史使命。而大学生是一个朝气蓬勃、富有创新精神的社会群体，是顺应历史发展的、最有潜力和活力的、推动社会前进的新生力量，他们在社会主义现代化建设的新时期里有着不可或缺的重要地位。因此，加强大学生的身心健康教育，增强大学生的生命意识及自我保健意识和能力，提高大学生的生命健康素质，促使他们在德、智、体、美、劳等方面全面协调发展，具有十分重要的意义和深远的影响。

《"健康中国2030"规划纲要》也明确提出："将健康教育纳入国民教育体系，把健康教育作为所有教育阶段素质教育的重要内容。"2017年教育部印发《普通高等学校健康教育指导纲要》，提出"高校健康教育重在增强学生的健康意识、提高学生的健康素养和健全学生的人格品质"。由此可见，加强大学生健康教育是社会进步的时代要求，是高校发展的现实需要，也已经越来越受到高校及社会的重视。

为满足对大学生健康教育的需求，促进大学生身心健康与人格完善，我们组织了在高校长期从事这方面教育和研究的教师及临床一线工作人员，根据学习研究和工作实践编写此书。本书以医学、生理学、心理学、社会学、美学、哲学及健康教育学多个相关学科为理论基础，从人类的生物学属性、心理学属性及社会学属性三个角度，对大学生生命健康教育进行科学系统的阐释。本书系统地讲授了大学生的生理、心理健康标准以及学习卫生、运动卫生、食品与营养健康知识，指导常见生理疾病、传染病、性传播疾病的预防措施，以及在自我发展、环境适应、人际关系等方面遇到矛盾和问题时的调适、解决思路和方法。生命健康教育可以使大学生由浅入深地掌握各种必要的健康信念，使他们进一步了解健康的意义和价值，逐步加强生活自理能力、环境适应能力、自我保健意识和能力，提高生活质量，实现强盛民族的美好愿望。

本书于2018年初启动编写，其编写的指导思想是群策群力、精心凝练、不偏不倚。其间，经历了新冠肺炎疫情的全球大暴发，经过十几次线上会议，历时四年，《大学生生命健康教育》终于如期与读者见面。

本书的编写得到了全国许多教育以及临床方面专家、学者的指导，在此表示衷心的感谢。由于篇幅、时间及能力有限，书中可能存在许多不妥、疏漏，甚至错误之处，在此恳请各位专家学者和广大读者不吝指教、斧正，以利于本书的不断充实、提高和完善。

目录

第四章

维护生命的和谐:大学生心理健康教育

第五章

敬畏生命的珍贵:大学生生命意识教育

第六章

实现生命的价值:大学生生命美学教育

第七章

大学生生命健康教育的外部环境与优化

CHAPTER 1

第一章

生命，诗意地栖居在大地上

第一节 健康的生命:做最好的自己

一、生命:一次无法重复的选择

生命是什么？从时间的角度来看,生命就是每一天的总和。“来日方长”,展望未来,作为青年的大学生,确实感觉时间漫长,但如果回首过去,是不是童年不再,少年不再,是不是也感觉到了时光的飞逝？朱自清在《匆匆》一文中写道:“燕子去了,有再来的时候;杨柳枯了,有再青的时候;桃花谢了,有再开的时候。但是,聪明的,你告诉我,我们的日子为什么一去不复返呢？”人最宝贵的是生命,生命对于每个人只有一次。画画,画得不好,可以重画;解题,解错了,可以重解;路,走错了,可以回头……生活中有很多东西可以重来,但生命的流逝是永不再来的。

据说,几个学生向他们的老师——苏格拉底请教:“人生是什么？”老师把他们带到一个种着苹果树的果园,要求他们从果园的这头走到那头,每人摘一个自己认为最大最好的苹果,但不能走回头路,也不能摘两次。一个学生走进果园不久,就看到一个又大又好的苹果,但是他没有摘,因为他想后面应该还有更大更好的苹果,可是后来他看到的苹果都比不过那个,最后就空着手走出了果园。一个学生走进果园不久,就摘下了一个他认为又大又好的苹果,可是走着走着,他不时发现有苹果比他手里的那个要好些甚至好很多,因此后悔不已。总之,最终没有一个学生摘到最好的苹果。“让我们再选择一次吧,老师!”学生们不约而同地请求。老师笑了笑,说:“孩子们,这就是人生——人生就是一次无法重复的选择。”

那么,我们该如何度过只有一次的宝贵生命？很简单,两个字——“珍惜”。翻开历史,不难发现,那些彪炳史册、光照千秋的人,尽管有的贫穷,有的富有,有的得志,有的失意,但都不虚度年华,不蹉跎时光,在自己生命的画卷上认真地书写。有这样一个故事,说的是一个跟着书法家练字的学生。一开始,他用旧报纸练,练得很勤奋,练了一些日子,但进步不大。后来,书法家建议他改用最好的纸练字,他照着书法家的建议做了,没过多久，大有长进。他觉得奇怪，就去请教书法家原因。书法家说："用旧报纸练字，你会觉得写不好也没关系，因为纸有的是，但当你用最好的纸写字的时候，纸的金贵会让你珍惜这张纸，你就会认真写字，就会有进步。"故事中，同一个人，用不同的纸，却得到了不同的练字效果，奥秘就在于一种是不珍惜的心态，另一种是珍惜的心态。"盛年不重来，一日再难晨。及时当勉励，岁月不待人。"珍惜生命，是对生命应有的态度。

二、健康：生命中最重要的东西

珍惜生命，当然更应该珍惜生命中最重要的东西。那么，生命中最重要的是什么？有人认为是金钱或权力，有人认为是名誉或地位，有人认为是友情或爱情，也有人认为是工作或事业……实际上，如果抛开生命中所有的外在事物，直面生命的内在本质，不难发现，健康是第一位的，是生命中最重要的东西。曾经有人说过，健康是排在生命中所有事物前面的1，而金钱、权力、名誉、地位、友情、爱情、工作、事业等都是排在健康后面的0，一旦没了健康，后面的0再多，也只能是0。生命是美丽的，但美丽的生命不能和健康分开。

健康，不仅仅指没有生理疾病，而且是个体在身体上、精神上和社会上完全安好的一种状态。1989年，世界卫生组织将健康定义为：一个人只有在身体健康、心理健康、社会适应良好、道德健康等四个方面都健全，才算是完全健康的人。因此，健康应包括4个方面，即身体健康、心理健康、社会健康和道德健康。身体健康，指身体的结构完好、功能正常，身体与环境之间保持相对的平衡；心理健康，又称精神健康，指人的心理处于完好状态，包括正确认识自我、正确认识环境、及时适应环境；社会健康，指个人的能力在社会系统内得到充分的发挥，个体能够有效地扮演与其身份相适应的角色；道德健康，指个人的行为与社会公认的道德和社会规范一致。不难看出，完整的健康概念，已经脱离了生理健康的局限，而是基于对个体生命的完整把握而做出的阐述。因此，身体健康、心理健康、社会健康和道德健康，总括而言就是生命健康。

那么，怎样才能让生命更健康呢？有人说，要健康饮食、健康运动，要有好习惯，要有好环境……不否认，这些都对，但不完整，因为真正的健康来自我们的内心。有报纸曾报道过这样一则新闻：一位84岁高龄男子，在过马路时不幸被车撞倒而丧命。医生验尸时发现，这人患有肺病、溃疡、肾病和心脏衰弱。医生说，一般情况下，这个全身是病的男子，30年前就应该不在人世了。有人问他的遗孀，他为何能活这么久？她说，我的丈夫一直相信，他明天一定会比今天过得更好。

三、让此生更有价值才是健康

“明天一定会比今天过得更好。”实际上，这句话不只道出了获得健康的秘诀，还道出了健康的目的。健康当然是我们所追求的，但并不是我们生活的目的！我们追求健康的生命，是为了让自己的生命更有价值。用通俗的话来说，就是做更好的自己。

有这样一个故事：一天早晨，园丁走进花园时发现，花园里的花草树木奄奄一息，了无生气。他惊讶之余，问这些花草树木究竟发生了什么事？榕树说，它无法像松树那样高大雄伟，因此不想活下去了。松树说，因为它不能像苹果树那样结出可口的苹果，所以想自我了断。可是苹果树却说，它不能像槐树那样浑身散发着芳香，因此觉得活得真没意思……后来，园丁不经意间发现，花园的一角有一株不起眼的小花，拼命地向着阳光开放，生机盎然，令人感叹。园丁好奇地问：“你叫什么名字？”小花想了想，不好意思地说：“我也不知道自己叫什么。”园丁再问：“这个花园里，它们都如此消沉，你为什么还能如此快乐，昂首挺立着?”小花回答说：“我知道自己不过是株小花，但开放是我的梦想，我的梦想是做一朵最好的小花！现在我开放了，我当然快乐哦！”

生命是丰富多彩的。碧绿的小草，成荫的树木，争艳的百花，各种各样的动物，还有拥有高等智慧的人类，都是大自然的奇迹、大自然的杰作。世界正是因为拥有丰富的生命才如此生动和美丽，才这样多姿多彩，才这样魅力无穷。人生也是这样。如果你是一棵茂盛的榕树，就不要去羡慕松树的挺拔，让自己更茂盛就是了；如果你是一棵高大的松树，就不要去羡慕苹果树的果子，让自己更高大就是了；如果你是一棵能结果的苹果树，就不要去羡慕槐树的芬芳，让自己结出更多更好的果子就是了。鱼翔浅底，鹰击长空，驼走大漠，虎啸深山，正是因为选择了适合自己的位置才造就了生命的神奇。泰山雄，华山险，黄山奇，峨眉秀，每座山都有每座山的风姿。每个人的人生不尽相同，唯有做最好的自己，才会让生命闪光，世界才会因为你而更加精彩。正如道格拉斯·玛拉赫所言：“如果你不能成为大道，那就当一条小路；如果你不能成为太阳，那就当一颗星星。决定成败的不是你尺寸的大小——而在做一个最好的你。”

寇准的《咏华山》：“只有天在上，更无山与齐。举头红日近，回首白云低。”

王安石的《登飞来峰》：“飞来峰上千寻塔，闻说鸡鸣见日升。不畏浮云遮望眼，只缘身在最高层。”

袁枚的《苔》：“白日不到处，青春恰自来。苔花如米小，也学牡丹开。”

不是每个人都有如花的容貌、洒脱的风姿、蓬勃的活力、善辩的口才，但每个人都可以让自己的存在更有意义。作家林语堂曾说过：“有勇气做真正的自己，单独屹立，不要想做别人。”人生于世，不能老是和别人比较，而主要是和自己比较，拿今天的自己和昨天的自己比较，拿明天的自己和今天的自己比较。“会当凌绝顶，一览众山小。”一个人如果每天都能进步一点点，如果明天的自己都比今天的自己好一点点，那么，最后的自己一定是最好的自己。“我爬得很慢，但我从不会后退。”这是蜗牛的人生格言，也应该是我们每个人的人生格言。

“天生我材必有用”，让我们从此刻开始，做最好的自己，让自己的生命更有价值！

第二节
健康的生命:生活在关系中

一、活着,不等于懂得生命

最好的自己是什么样的自己?是更聪明,更富有,更有权力,更有名誉,更有地位,还是更有别的什么?毫无疑问,这是一个很难回答的问题。调查显示,在现代心理咨询室中会探讨许多问题,但最核心的问题是:我究竟是谁?我是怎样的一个人?我想要过怎样的生活?

"人,认识你自己。"这是镌刻在古希腊德尔菲神庙门楣上的一句箴言。哲学家苏格拉底认为这句话包含着无限深奥、无比丰富的哲理,不仅把它引为自己的座右铭,而且也常用这句话教育他的弟子。中国人说:"知人者智,自知者明。""人,认识你自己"这句箴言,数千年来,一直给西方人以理性的昭示。而"自知者明"也穿越时空,让一代又一代的中国人警醒与思考。对人而言,认识自己很重要。但遗憾的是,认识自己不是一件容易、简单的事。

明刘元卿的《应谐录》中有这样一个笑话:一个健忘的差役押解一个和尚去充军。家人叮嘱他,每天行路前要检查两件东西、两个人在不在,即枷、伞、和尚和自己。一天,和尚乘差役熟睡,将差役的头发剃光,然后自己逃之夭夭。差役醒后,发现枷、伞、"和尚"都在,"我"却不见了。他对着镜子说:"这是和尚,那'我'到哪里去了?"

"我到哪里去了?"好像是一个笑话,但实际上道出了很多人迷失的人生。现实生活中,不是常常听到有人说:"我怎么成了这样一个人?""哎呀,我都不认识我自己了。"很多人的一生,是有追求的一生,但是他们得到了最好的自己吗?他们最后的样子是他们所希望的样子吗?还是最后把自己都弄丢了呢?

一个真正认识自己的人,具有掌握自己命运的能力。古希腊神话中有一个狮身人面怪兽——斯芬克斯,喜食人肉,但食人肉时又带有几分"儒雅"的风度。它常常守在悬崖边上的一个路口,每当有人经过那里,它就强迫路人猜它的谜语:"什么动物早晨四条腿,中午两条腿,晚上三条腿?"如果路人猜不出或猜错,就会被它撕成碎片,美餐一顿。后来有一个青年猜中了谜底——人，斯芬克斯羞愧不已，跳崖而死。这个神话故事给我们的启示是：一个人如果不知道何以为人，那么，他就会被怪兽吃掉；相反，一个人如果知道何以为人，那么，他的生命之路上就没有拦路的怪兽。活着，不等于懂得生命。“有的人活着，他已经死了。”不明白人是什么的人，活着，也等于没活着，只不过是行尸走肉罢了。

今天，“斯芬克斯之谜”可谓尽人皆知，而且千百年来，很多人认定这个谜底已被俄狄浦斯给出。但实际上，俄狄浦斯对“斯芬克斯之谜”的解答是表层的，是表象的，他并没有从深层次或者从本质上去告诉我们“人是什么”。人不仅仅是走路的人，人还要明白，他为何要走路，他要走什么样的路？因此，对于今天的我们来说，镌刻在德尔菲神庙门楣上的“人，认识你自己”这句箴言，仍然值得用心品味，仍然值得用心思考。

二、人的本质：一切社会关系的总和

人对自身的认识，是一个古老的话题，也是一个常新的话题。古今中外，许多思想家曾从不同的角度提出过自己的见解，其中许多见解其实离真相很远。真正对人的本质做出了科学揭示的是马克思。马克思指出：“人的本质不是单个人所固有的抽象物，在其现实性上，它是一切社会关系的总和。”①这一论断为我们认识自己提供了科学的方法论。

“我叫张三，浙江湖州人，今年19岁，西南大学学生，专业是应用心理学，我的爱好是跑步。”这是一个叫“张三”的学生的自我介绍。不难发现，张三介绍的其实都是自己的某种关系，“浙江湖州人”是和某个地方的关系，“今年19岁”是和某个时间的关系，“西南大学学生”是和某个组织机构的关系，“专业是应用心理学”是和某个专业的关系，“爱好是跑步”是和某件事的关系。正是这种种关系，构成了一个叫“张三”的人。

任何人都是处于一定的社会关系中的人。每一个人从来到人世的那天起，就从属于一定的社会群体，同周围的人发生各种各样的社会关系，如家庭关系、地缘关系、政治关系、法律关系、道德关系、经济关系等。人们正是在这种客观的、不断变化的社会关系中塑造自我，成为真正具有“人”的意义的人。设想一下，如果一个人只面对自己，独处幽室或荒原，他需要以“人”的形象出现吗？很显然，他可以随心所欲，怎样都行，一切皆被允许，崇高或下流都没人评说。就像那位海难中的幸存者——鲁滨孙，独自在岛上时，无须以文明的“人”的形象生活着。但是，当他有了伙伴——他从食人族手中救出的俘虏时，就不可能“怎样都行”了，他必须做一个能被理解和接受的人。文明的“人”的形象，可以说是随着第二个人的出现而产生的。

① 中共中央马克思恩格斯列宁斯大林著作编译局.马克思恩格斯选集（第一卷）[M].北京：人民出版社，1972.

1920年10月，印度一位叫辛格的传教士在丛林中发现了两个被狼哺育的女孩。辛格将她们领进孤儿院，给大女孩起名叫卡玛拉，小的叫阿玛拉。她们的生活习惯同野兽一样，不会用双脚站立，只能四肢爬行；害怕日光，经常白天睡觉，一到晚上则活跃起来；不懂人类的语言，也发不出人类的音节；不会用手拿东西，喝水都和狼一样用舌头舔；不肯洗澡，不肯穿衣服，并随地便溺。阿玛拉进院后不到一年便死去了。卡玛拉用了25个月才开始说第一个词“ma”，4年后一共只学会了6个字，7年后增加到45个字，并曾说出用3个字组成的句子。进院后16个多月卡玛拉才会用膝盖走路，2年8个月才会用两脚站起来，5年多才会用两脚走路，但快跑时又会用四肢爬行。卡玛拉一直活到17岁。但她直到死还没真正学会说话，智力只相当于三四岁的孩子。这是所谓的“狼孩”的故事。“狼孩”的故事正好说明，人是生活在社会关系中的人，一旦离开社会，就无法成为一个真正意义上的人。

三、生命的意义不在于索取，而在于奉献

人的本质不是单个人所固有的抽象物，在其现实性上，它是一切社会关系的总和。因此，从某种意义上说，单个人不是“人”，只有存在于种种社会关系中的人才是“人”。人“如果孤独地生活，没有人能够成为‘人’——我们互相使对方成为人。”①因此，人的生命属于自己，但更属于自己的种种社会关系，比如说，属于国家，属于民族，属于家庭，属于爱人，属于朋友……生命的意义不在于索取，而在于奉献。“送人玫瑰，手留余香”，人正是在为他人付出中获得自身的意义。

米兰·昆德拉的《生命不能承受之轻》中有这样一个故事：一个渔夫在海边晒太阳，一位绅士走过来对他说：“天气这么好，为什么不去捕鱼呢？”渔夫说：“先生，捕鱼干什么呢？”“捕鱼你就能挣很多钱啊。”渔夫说：“挣钱又为了做什么呢？”“挣钱你就可以买一艘更大的船。”“先生，买大船又做什么呢？”“这样你就可以打更多的鱼，挣更多的钱。”“那又能怎么样呢?”“这样你就可以像我这样，在海边晒太阳。”渔夫说：“先生，我现在正在这样做呢！”

请问，你是赞同那位绅士的说法，还是赞同那位渔夫的说法呢？初次听这个故事，可能会不赞同绅士的说法，而赞同渔夫的说法，然而，渔夫的说法是完全正确的吗？而绅士的说话又是完全错误的？当然不是，难道人生只是为了悠闲地在海边晒晒太阳?“志当存高远”，人生于世，应该有更高远的志向，有做大事的决心和勇气，因此，一个渔夫应该有买一艘更大的船然后捕更多的鱼的想法。绅士的说法，前面的是对的，后面的却错了。

①费尔南多·萨瓦特尔．哲学的邀请：人生的追问[M]．林经纬，译．北京：北京大学出版社，2007.

如果绅士对那位渔夫的“那又能怎么样呢?”的回答是“这样就有更多的人可以吃上你捕的鱼了”，那这个故事不就不别扭了吗?

一个盲人晚上被朋友请去吃饭，吃饭结束后对朋友说：“天很晚了，我得回家，请给我点个灯笼吧，让我提着走。”朋友惊奇地说：“你不是看不见吗?”盲人说：“我是看不见，但别人看得见呀。”“哦，原来你是要给那些深夜回家又没有灯笼的人提供方便哦。”“也不全是如此，我打着灯笼，别人就看得清楚，就不会撞到我了，这不是给我方便了吗?”这是“送人玫瑰，手留余香”的正面例子。

一位本领高超的木匠，因年事已高不得不告诉他的老板他要退休了，不能再跟着他做木工活了。老板答应了他的要求，但是希望他在退休前能再盖一栋房子，木匠答应了。令人遗憾的是，木匠这一次没有用心，做工粗糙，用的也是劣质的材料。房子盖好后，老板把那栋房子的钥匙放到他的手里，说：“这是你的房子，是我送给你的礼物。”木匠懊悔不已，后悔自己没有用最好的木材、最好的工艺去盖那栋房子。这是“送人玫瑰，手留余香”的反面例子。

一个人如果不愿意为别人打着“灯笼”，那么自己就只能生活在无边的“黑暗”里；一个人即使自己看不见也愿意为别人打着“灯笼”，那么自己也生活在灿烂的“光明”里。一个人如果不愿意为别人盖最好的“房子”，那么自己就只能住在粗糙的“房子”里；一个人如果总是愿意为别人盖最好的“房子”，那么自己也一定能住在精美的“房子”里。

“建立自我，追求无我”这八个字为何受一些名人青睐? 这是因为“无我”实际上是一个大写的“我”，而“建立自我”是为了“追求无我”。“追求无我”是淡泊名利，胸怀天下，以爱为己任，因此，“建立自我”绝不是要建立一个特立独行的“我”，而是形成一套做人做事的标准，强化自己生命的责任意识，找寻最完美的自己，使自己生命的潜力发挥到极致。张载说：“为天地立心，为生民立命，为往圣继绝学，为万世开太平。”这“四为”中，没有一“为”是为自己，但谁能说做到这“四为”的人失去了自己呢?

春去秋至，寒来暑往，是岁月刻画了生命的精彩，是友情、亲情、爱情、爱国之情等给生命注入了幸福的元素。有人说，有自己牵挂的人，也有牵挂自己的人，就是幸福的人。奥地利心理学家阿德勒发现，失败者——神经病患者、精神病患者、罪犯、酗酒者、问题少年、自杀者、堕落者、娼妓——之所以失败，就是因为他们缺乏从属感和社会兴趣。[①]他还发现，真正的幸福，是能够和别人分享的幸福，也是能被别人认为是幸福的幸福。[②]

① 吕陈君.心灵简史：探寻人的奥秘与人生的意义[M].北京：中国言实出版社，2008.

② 吕陈君.心灵简史：探寻人的奥秘与人生的意义[M].北京：中国言实出版社，2008.

第三节 把握生活本质，拥抱生命健康

一、生命需要教育的启蒙

人活着有三种状态：生命、生存、生活。具有复制能力、能在复制过程中将遗传信息传递给后代是生命最重要的特征。不只是人有生命，动物、植物、细菌等都有生命。人只要活着，就处于生命状态。生存状态，是生命体为了保证自身生命存在而做出的反应或行为，也就是为活着而活。生活状态，是生命体为了让生命有意义而活。生活状态是最具有“人”的意义的状态。然而，尽管活着的人都有生命，但并不是每个有生命的人都明白活着的最高状态是生活。人本主义心理学家马斯洛的“需要层次”理论认为，人有五种由低到高递进的基本需要，即生理需要、安全需要、归属与爱的需要、尊重需要和自我实现的需要，越是高级的需要越为人类所特有，自我实现的需要是人类独有的需要。然而，高级需要是一种在种系上或进化上发展较迟的产物，越是高级的需要，对于维持纯粹的生存也就越不迫切，也就越能更长久地推迟。[①]这就需要教育的启蒙。人只有通过启蒙才能把握生活的本质，即认识到人的生命的价值和意义，并自觉去追求、实现人的生命的价值和意义。生命之所以需要教育的启蒙，原因还在于：一方面，生命的价值和意义不是人们凭借感官就能够感受和认识的，它是一种对人的生存状态进行理性思考的结果；另一方面，在人类历史上，关于生命的价值和意义有着各种各样的理解和表现，也伴随着各种各样的评价、判断，它需要人们去伪存真，而教育，用苏格拉底的话来说，其目的就是“明辨是非”。

霍尔巴赫说：“人们的全部不幸只在于他们的无知。”[②]因为“无知”，人们往往只关注“生存”，而忽视了“生活”，或者将“生活”简化为“生存”。而教育最基本的功能就是改变

① 马斯洛.动机与人格[M].许金声，程朝翔，译.北京：华夏出版社，1987.

② 霍尔巴赫.健全的思想：或和超自然观念对立的自然观念[M].王荫庭，译.北京：商务印书馆，1966.

人类的普遍无知状态。[①]一位老农,辛苦耕种,终于积攒了一笔钱,够买一头驴。他家没驴,他想买一头,以后就可以用驴耕地了,然而他又想用这笔钱供儿子读书。是买驴呢,还是供儿子读书呢?拿不定主意的他去求教一位智者。智者说:“用来读书,你可以有一个有知识、有文化的儿子;用来买驴,你家也就只有两头驴。”初听这个故事,是不是觉得智者的话有点问题,老农的钱明明只够买一头驴,他怎么说“用来买驴,你家也就只有两头驴”呢?哦,还有一头驴应该是那个没有读书的儿子吧。钱如果买驴了,儿子就没法读书了,没读书的儿子就和一头驴一样。人没读书,没接受教育,基本上只能像驴或猪一样活着,而不是像“人”一样活着。因此,智者的话道出了一个亘古不变的道理:教育,意味着“人”的意义和价值的发现。教育的根本目的就是促使人们的精神从“低处”走向“高处”,从“黑暗”走向“光明”,从“丑恶”走向“美好”。

人的生命的成长与发展,是自然生命、社会生命、精神生命不断创造与超越的过程。然而,人的生命之创造与超越不会自发流露出来,而是需要外界力量尤其是教育的介入与支持。人思考什么,以及如何思考,必须得到教育的指导和引领。首先,人的自然生命需要教育的滋养。自然生命是人的生命的基础,但人的自然生命是脆弱而且有限的,欲与求、病与痛、生与死,都是生命旅途中需要面对的问题。面对这些问题,“人非生而知之者,孰能无惑”,因此需要通过教育让人们明白如何以敬畏的心对待生命,进而欣赏生命、珍惜生命。其次,人的社会生命需要教育的润泽。人是社会中的人,人的生命因此具有社会性,但社会中的个体如何获得更广的发展空间,以及更深的价值意蕴,也需要教育。最后,人的精神生命需要教育的点化。对个体自身而言,人的生命是物质的存在,更是精神的存在。然而,人的精神生命意识并不会天然觉醒,它需要教育的“启蒙”。[②]

二、时代呼唤生命健康教育

泰戈尔有句名言:“教育的目的应当是向人们传送生命的气息。”教育的意义本来是不言自明的,教育在本质上就是一种唤醒人的生命意识,启迪人的精神世界,建构人的生活方式,以实现人的价值生命的活动。[③]生命是教育的逻辑起点,也是教育的逻辑归宿,关怀生命理应是教育的本真意蕴。

1968年,美国学者杰·唐纳·华特士提出“生命教育”的概念,引起了广泛关注。之后,许多教育学、心理学、生物学、环境伦理学、社会学等不同学科的学者对生命健康教育

---

① 石中英.教育哲学导论[M].北京:北京师范大学出版社,2002.

② 曹清燕,姚晓.论当代大学生的生命教育——从复旦投毒案谈起[J].广西教育学院学报,2014(4):102-105,109.

③ 郭元祥.生活与教育:回归生活世界的基础教育论纲[M].武汉:华中师范大学出版社,2005.

的内涵、目标、内容、方法与实施途径等进行了深刻而广泛的研究和探讨。如今，生命健康教育已成为一门重要学科。生命健康教育有广义与狭义两种。狭义的生命健康教育指的是对生命本身的关注，包括个人与他人的生命，进而扩展到一切自然的生命。广义的生命健康教育是一种全人的教育，它不仅包括对生命的关注，而且包括对生存能力的培养和生命价值的提升。自20世纪90年代以来，生命健康教育也成为我国教育界、哲学界、社会学界等关注的热点议题。发展到21世纪，我国生命健康教育理论研究逐步趋于系统化，生命健康教育实践也日益如火如荼。

但是，综观当前各国生命健康教育，还存在诸多问题，比如：只聚焦于生命成长中的特殊事件，如暴力、自杀等，而缺乏对生命本体的全面关怀；只重视对心理疾病的干预，而缺乏对恬静、愉悦的心理营造；只关注生命成长的短期防范，而缺乏对生命发展的整体引领。[①]当然，这不是生命健康教育本身存在的问题，而是人们对生命健康教育的理解存在偏差所导致的问题。正是因为如此，有学者提出“生命健康教育”这一概念，以有别于“生命健康教育”，并希冀通过倡导“生命健康教育”理念，走出生命健康教育的现代性困境，使人生命安全、身心健康、生活幸福。

《大学生生命健康教育》是一本引导大学生保证生命的质量、维护生命的和谐、敬畏生命的珍贵、实现生命的价值的教材。在同学们即将打开这本书的时候，为表达对同学们美好生命的良好祝愿，我们抄录了美国诗人惠特曼《大路之歌》中的几句诗：

我轻松愉快地迈步走到大路上，
我健康而自由，面对整个世界，
面前那漫长的褐色道路引向我要去的任何地方。

① 张毅，刘魁．生命教育的现代性困境与本质回归[J]．中国教育学刊，2008(3)：30-36.

本章小结

1. 生命是一次无法重复的选择，珍惜生命是对生命应有的态度。

2. 健康是生命中最重要的东西，让生命更有价值才是健康。

3. 马克思指出："人的本质不是单个人所固有的抽象物，在其现实性上，它是一切社会关系的总和。"这一论断为我们认识生命提供了科学的方法论，它启示我们：生命的意义不在于索取，而在于奉献。

4. 生命需要教育的启蒙，《大学生生命健康教育》是一本引导大学生保证生命的质量、维护生命的和谐、敬畏生命的珍贵、实现生命的价值的教材。

【思考题】

1. 请谈谈你对健康的理解。

2. 人活着有哪三种状态？

3. 生命为什么需要教育的启蒙？

CHAPTER 2

第二章

大学生生命健康教育概述

第一节
大学生生命健康教育的发展、内涵、本质与目标

一、大学生生命健康教育的发展历程①

（一）生命健康教育在中国香港、台湾的实践

中国香港、台湾地区于 20 世纪 90 年代引入生命健康教育，在理论研究和课程实践上都取得了显著成绩。

香港 1994 年成立了“生活教育活动计划”慈善组织，是香港生命健康教育的萌芽。在教育系统实践方面，1996 年天水围十八乡乡事委员会公益社中学开设“生命健康教育”课程，标志着生命健康教育正式进入学校；1999 年，香港“天主教教育委员会”推出“爱与生命健康教育系列”，除了为家庭生活教育提供素材与方法之外，也鼓励教师将这些内容融入相关科目的教学；2002 年，香港教育学院公民教育中心明确提出以生命健康教育整合公民教育及价值教育，并在多所学校推广生命健康教育课程。

1997 年底，台湾启动“生命健康教育实施计划”，并委托台中市晓明女中设计“生命健康教育”课程，推动办理研习、训练师资等；1998 年，“生命健康教育”在台湾地区的中学全面展开；2000 年，台湾成立“生命健康教育推动委员会”，并将 2001 年定为“生命健康教育年”。

①黄渊基．生命教育的缘起和演进[J]求索，2014(8)：172-177.

（二）生命健康教育在内地（大陆）的发展

1. 教育忧思与本土探索：1993—1999年

基于对教育问题的忧虑和反思，叶澜于20世纪90年代开始关注“生命”及其与教育的内在关系并进行解读。黄克剑、张文质等于1993年提出“生命化教育”理念并开展实践。与此同时，部分高校学者开始关注国外已经流行的死亡哲学研究，并陆续开设相关课程。这在一定程度上催生了人们对生死和生命问题的理解和关注。

这一时期还没有形成真正的生命健康教育，而只是一种对教育问题的反思和对生命意蕴之于教育的重要性的感觉。

2. 学术诠释与学科界定：2000—2003年

在哲学界、教育界和医学界共同关注下，掀起了一个生命健康教育学术传播的小高潮。学术界主要从介绍港台生命健康教育开始，对生命健康教育的基本理论和课程实践进行学术诠释和价值宣扬；教育界和医学界（包括殡葬与临终关怀行业）的一线工作者则从现实出发，直面生命本身，拷问生命意义。因此，这是一个学术诠释和学科界定的时期。

3. 理论热兴与实践探求：2004—2010年

自2004年始，伴随着《中共中央国务院关于进一步加强和改进未成年人思想道德建设的若干意见》颁布，生命健康教育迎来了一个比较繁荣的发展期。这是一个理论界与实践界相互支持、相互促进的“研产共荣期”。一方面大量学术文章、著作和教学教材竞相发表和出版，各类年会、论坛相继举行，争芳斗艳；另一方面实践推广和课程开发也如火如荼地进行。

4. 国家战略与全新发展：2010年7月以来

2010年7月，《国家中长期教育改革和发展规划纲要（2010—2020年）》“总体战略”中明确指出：“重视安全教育、生命教育、国防教育、可持续发展教育。促进德育、智育、体育、美育有机融合，提高学生综合素质，使学生成为德智体美全面发展的社会主义建设者和接班人。”这标志着生命健康教育正式上升为国家教育发展战略。自此，生命健康教育理论研究不断拓展和深入，实践探索亦遍地开花，逐渐呈现蓬勃发展的态势。

二、大学生生命健康教育的内涵

所谓大学生生命健康教育，即针对大学生这一特殊群体的生命健康教育。目前，对生命健康教育的内涵，国内外专家学者和政府主管部门有不同的理解，分歧较大。

从国外来看，美国生命健康教育和死亡教育结伴同行，其内涵为“由死观生，生死互渗”；日本在道德教育中体现生命健康教育内涵即“尊重人性，敬畏生命”；英国的生命健康教育是全人教育，其内涵既包括促进个人的社会化发展，还包括实现个人的健康与幸福，强调学生需要了解自我，以正向的自尊心和自信心尽可能地维持自己与他人的安全，允许人与人之间的差异化发展，保持独立的精神和责任感，达到灵性、道德、社会及文化之发展的全人目标；澳大利亚强调对生命负责是公民的责任，认为生命健康教育的内涵是“生命至上，生命独特”。

从国内来看，2006年台湾依照整体规划，立足于素质教育和教育对全人类培养的角度，确定生命健康教育的内涵包含“终极关怀与实践、伦理思考与反省、人格统整与灵性发展（广义的人性教育）”三个彼此交互为用的领域；我国香港地区认为生命健康教育是“多种宗教视角下不断发展的全人教育”；我国澳门地区生命健康教育内涵倾向于“品德教育和生涯教育”。从20世纪90年代至今，我国学者对生命健康教育的内涵进行了广泛的探讨，但是目前还没有一个统一的定义。较早研究生命健康教育的江西师范大学教授郑晓江指出，生命健康教育是关于人的生活、人生与人生问题的教育，他认为生命健康教育的核心理念是让青少年懂得如何处理“生命与生活的紧张”关系。河南大学刘济良教授认为生命健康教育是与生命有关的教育，对生命的珍惜、生命的意义、生命的潜能发挥等都在这个概念范围之内。浙江大学王东莉教授认为生命健康教育是一种多层次的认识生命本质、理解生命意义、提升生命价值的教育。生命健康教育不仅只是关心今日生命之享用，还应该关怀明日生命之发展。也有研究者提出了生命健康教育要“悦纳自我、珍爱生活、探询意义、走向卓越”。2008年云南省提出了“三生”（生命、生存、生活）教育。除此以外，国内学者在对生命健康教育的深入探讨中，还提出了“生命道德教育、生命价值观教育、生命质量观教育、生命观教育、生命意识教育、死亡教育”等观点。

总结国内外专家学者对生命健康教育内涵的论述，从内容上看，主要内容可以概括为以下五种观点：第一种观点认为生命健康教育就是全人的教育，就是认识生命现象，感悟生命境界；第二种观点认为生命健康教育就是生活的教育，是在生活中发生和实践，解决生活中的问题的教育；第三种观点认为生命健康教育就是生命价值教育，要培养人的正面积极、乐观上进的生命价值观；第四种观点认为生命健康教育就是生死教育，引导人们正确面对生与死；第五种观点就是云南省提出的“三生教育”，这种观点基本包括了前面四种观点的主要内容。从具体实施的角度来看，比较有代表性的观点为以下四种：郑晓江教授等学者从哲学的角度出发，主张生命健康教育的核心为生死观的教育，相应的在实践领域可以纳入思想政治教育范畴；行政主管部门和各级学校目前则倾向于应该“以解决社会问题为前提，即青少年自杀、安全事故及危机事件应对、艾滋病传播和毒品泛滥的预防等”，更多地从心理健康教育的角度和技能训练的角度来具体实施生命健康教育；有学者则有回归传统学问之势，认为教育的本质就是生命健康教育，提倡生命化的教育，将生命健康教育纳入所有教育活动中；还有学者认为生命健康教育是素质教育的核心理念，提出要在现有素质教育体系中增加对生命的关爱、珍惜和尊重的内容，使素质教育生命化。

综上所述，生命健康教育就是关于生命的教育，是为了生命而进行的教育。大学生生命健康教育的内涵就是引导和帮助大学生“保存生命、发展生命、幸福生活”。

三、大学生生命健康教育的本质

生命健康教育有广义与狭义两种含义。狭义的生命健康教育指的是对生命本身的关注，包括个人与他人的生命，进而扩展到一切自然生命；而广义的生命健康教育是一种全人的教育，它既包括对生命的关注，又包括对生存能力的培养和生命价值的提升。因此，生命健康教育就是在教育的实施过程中，既要重视科学理论的教育，又要重视人文素养的教育，培养人在生命活动中把握世界和生命的意义，从而获得人生的满足，享受人生的乐趣。它是一种关注生命状态，丰富生命历程，激发生命潜力，促进生命成长，提高生命质量的教育。教育的过程实质上就是不断提高个体生命质量的过程，因此生命健康教育应成为教育的永恒主题。

生命健康教育不是一门课程或一项主题活动，而是要有意识地挖掘现有的课程和活动中的生命健康教育内涵，激活这些原来就蕴藏在学科教育和主题活动中的生命健康教育内容，以达到生命健康教育的目的。因此我们在考查生命健康教育的内涵时就要从各个层次入手，不仅要教育大学生珍爱生命，而且要帮助他们认识生命的本质、理解生命的意义、创造生命的价值。

四、大学生生命健康教育的目标

生命健康教育就是依据生命的特征，遵循生命发展的原则，以学生自身潜在的生命基质为基础，通过选择优良的教育方式，唤醒生命意识，启迪精神世界，开发生命潜力，提升生命质量，关注生命整体发展，使受教育者充满生命活力，具有健全人格、鲜明个性，掌握创造智慧的能力。”

引导大学生认识生命、尊重生命、珍爱生命、敬畏生命，在此基础上树立科学的积极向上的价值观、人生观和世界观，使大学生深刻地意识到自我生命内涵的多面性、丰富性，从而能够正确地体会生命的可贵，确立正确的生活态度与目的，收获人生的成功与美满。

第二节 大学生生命健康教育的内容

生命健康教育是帮助学生认识生命、珍惜生命、尊重生命、热爱生命，提高生存技能，提升生命质量的一种教育活动。生命健康教育帮助人们获得生命存在的最大意义与价值，这就是生命健康教育最重要的内容。

一、珍爱生命的教育

世界上并不缺少美，而是缺少发现美的眼睛。全社会应多角度、多渠道地宣传生命健康知识。例如，参观教育基地、参观科普展出、参加生命健康教育的具体校园活动等。培养学生珍爱生命、保护生命的态度，促使他们学会热爱自己的生命，自尊自信，进而学会欣赏他人的美、尊重他人的生命，树立积极的人生观。引导学生认识生命的独特性和丰富多彩性，尊重生命和深层思考生命。

二、保护环境的教育

自然界是动植物生存和发展的世界，我们在关心人类与动植物的生命的同时，也应多多关怀赖以生存的大自然。另外，由于大学生课外活动比较丰富，参与校内社团实践、社会实践的机会较多，学校和社会应创造浓郁的环保教育氛围，正确引导学生主动保护环境，让学生的情感受到陶冶。通过环保活动促进学生的情感体验，提高学生自主研究和解决问题的能力，促使学生的人格和谐发展，促进人与自然的和谐共处。

三、正确认识死亡的教育

教育的重点应该放在对生命意义的讲解上，让学生认识到生命本身就是自然界一种珍贵的奇迹。教师应当有意识地培养大学生坚强的品质和积极的生活态度,使他们了解死亡是生命的必然经历,正确地看待死亡。在人的有限的一生中,我们应当更加积极地探索生命,更积极地体验生活的幸福,绽放出绚烂的生命之花。

四、心理健康的教育

根据大学生的生理、心理发展特点,普及生命知识,唤醒生命意识,培养大学生良好的心理素质,促进大学生身心全面整体和谐发展和素质全面提高的教育活动,是素质教育的重要组成部分,是落实跨世纪素质教育工程,培养新世纪社会主义建设高质量人才的重要保证。

五、生命美学的教育

生命美学的教育,不是单一的,也不是具体的,它可以是面对困难的勇气、面对世界的情怀,也可以是午后一杯清茶的闲适,或者只是一种和谐的人际关系。它是一种自由生命体验的升华,而大学无疑是它最合适的土壤。通过强调个体自由的生命美学体验,帮助大学生成为高尚的、纯粹的人。

生命健康教育是一个长期的探索过程。大学阶段是一个人确立人生目标和生命价值观形成的关键时期,这期间将是人一生中很多方式和道路选择的溯源阶段。对生命健康教育的策略定位需要在实践中不断探索和创新。

第三节 大学生生命健康教育的方法

“眼见为实”是人们发自内心的箴言。生命健康教育，最终要使学生形成对生命的自觉意识，所以它要触及学生内心深处，引起学生信念的改变。无疑，满足这种目标的最好方式是身体力行的感动教育，为此亲历是生命健康教育的基本特点。

一、感动教育

感动教育是以感动素材为基础，培养受教育者的感知能力，提高受教育者的情感素养，并使其产生心灵净化、道德升华以及行为提升的一种教育模式。从心理学上讲，它要唤醒个体强烈的情绪体验，进而触及或认同某种生命信念。在学校情境中，感动教育是通过多种方法手段把学生引入一种情感的氛围，以情育情，用真情来打动学生，催化学生，感化学生，使学生感到教育内容可信、可接受，从而能够把一定的社会规范要求内化。对于大学生而言，拥有“失落”“感动”等情感体验应是人之常情，有助于把情感内化为思想，进而把内化的思想转化为实际行动。但纵观当代的大学生，“感动”成为一种难以经历的体验：一是不容易被感动。在学业、生活、交往等多重压力下，不少学生疲于奔波应对，比如，最大化地修学分、机械化地学习、数字化地交往、任务式地进行社会活动等。然而，追求越多，付出也越多，学生却恰恰忽视了生命存在的真正价值和意义，甚至忘记了“感动”这样的基本情感体验。无疑，原本素朴纯净的心灵，由于被各种世俗的物欲和追求填满，让他们难以感动。二是不会感动。本应该感动的时候，竟然一点感动都没有。曾几何时，学生会为一个平凡的自然更替而感动，会为老师一句不经意的表扬而感动。而今，这些感动变得极其遥远，年轻的心灵似乎变得坚硬而漠然。三是只“感”不“动”。在特殊的情境下，学生们也会“感动”，但往往是有“感”而不“动”，多的就是流泪、鼓掌、赞美、同情，却并没有行动起来。感而未动，那就不是真正的感动，因为行动才是最关键的事情。很多教师抱怨，感动越来越成为大学生思想政治教育中的稀缺资源。现在大学生太难感动了，很多大学生说，现在的老师太不会感动别人了。究其原因，学校重认知轻情感，学生缺乏真正的感动体验。纵观我们的教育体系，无论是家庭教育，还是学校教育，都大量存在着道德说教而轻视情感教育的传统，主要表现为：习惯于灌输说教，习惯于控制约束；反复说教多，切身体验少；低品位的哗笑太多，真诚的眼泪太少；表面的热闹太多，触动心灵的东西太少。而没有从真正意义上教育和引导学生去接触更多的人与事，让他们在生活中寻找感动，在感动中健康成长。在教育中，我们没有很好地创造情境，引导学生去感动，引导他们学会感动、体验感动、内化感动和升华感动。这就难以给予学生真正的、持久的心灵感动，更难以内化和影响他们的行为。

生命健康教育要切合学生的实际活动和年龄特色，才能有针对性地触及学生的心灵，从而让其感动，达到应有的效果。因为人的生命从诞生、发展到死亡会遇到一些共性的问题，如学习、工作、结婚、家庭、健康，以及疾病、衰老和死亡等，每一个阶段及遭遇的任何一个问题都是生命问题。我们只有从学生面临的生命问题入手，才能唤醒他们生命自觉的力量，从而使他们积极参与到探索人生的问题中，经过思考获得真知、真情、真感，进而成为生命自觉的一部分，在自己的生命历程中发挥作用。不切合实际就不能真正感动、震撼心灵，也不会感召学生的生命情感，唤起学生对生命的自觉。众所周知，不切合实际，学生就没有亲身经验，也就没有情感体验，这样的生命健康教育只能沦为苍白无力的说教，极容易流于形式而难以有实效。

二、体验教育

亲历是最好的教育。因为亲历中有体验，那么何为体验呢？王一川在他的《审美体验论》中写道："体验，就是以身'体'之，以心'验'之，即身体力行，亲身实践。"我国《现代汉语词典（第7版）》中对"体验"的界定是"通过实践来认识周围的事物"。据此，可以认为体验教育就是学校组织和引导学生亲身参加实践，从而使他们把做人做事的思想道德规范内化为健康心理品格，转化为良好行为习惯的过程。"体验教育"一词在这里是一个完整的概念。其中，"体验"和"教育"两个要素使我们可以从不同方面来理解。从"体验"的视角去看，体验教育是以组织性为前提，以主体性、实践性、社会性为主要特征。学校的体验教育是在学校内部机构引导下的体验，从学校各级组织的视角更加深入地认识和理解"体验教育"的概念。学校是体验教育的倡导者和推进者，学生实践体验的每一个环节，都是学校各级组织各自分工、精心指导的。在这个过程中，每一个学生的体验都是他人不可替代的，以学生为主体的体验都应是他们积极参与的体验，是具有主观能动性的体验。每一个学生体验的过程都是实践的过程，体验教育就是在实践中认识事物，最终达到把握事物的目的。

从“教育”的视角看，教育怀有一个美好的理想，就是通过教育目标的确立，使受教育者将外在美好的东西内化为自身的素质，表现为良好的行为习惯。教育的本质及功能就在于把人类积累的生产与社会生活经验内化为受教育者个体的智慧、才能与品德，使其身心得到发展。从这一质的规定性来看，对学生的内化不是强迫就可以实现的，而是需要通过一定的社会实践活动来激发他们内心强烈的感受，使他们进行不断的感悟，从而使教育目标得以实现。我们可能会发觉，自己听到或看到的事情往往会时过境迁，很难留下深刻的印象。但通过亲身体验所获得的思想情感则刻骨铭心、难以忘怀，以至于被内化为自身的素质和素养，达到自我提升、自我完善的崇高境界。

人常说：眼过千遍不如手过一遍。这说明对于亲自操作的活动，人们记忆的效果好。其实质是强调对人的发展而言，直接经验远远大于间接经验。在知识经验中，尤其是如何学会生存的人生经验，是难以传递的，必须要通过亲历体验。民间有言：养儿方知父母恩，就是这个道理。因为只有体验过的东西，才能内化于人的生命之中，成为人经验乃至智慧的一部分，在心灵深处留下不可磨灭的印象。为此，生命健康教育不仅要选择触动孩子心灵的事件，还要通过实践活动，引发学生的内心领悟和体验，激发生命情感，转化为生命意识，形成生命自觉。

三、自觉教育

自觉教育的确是个人的一种自觉的自我提高活动，它一般是不依赖于学校与老师而进行的自我活动，也就是说，个体在学习中遇到疑难问题，也要自己去独立解决，并且个体的调整与自我设计也要自己独立完成。个体的自觉主要取决于个体认识上的自觉性，自觉教育对个体发展的影响是其他教育无法企及的。国学大师梁漱溟曾明确提出：“我的根本主张，是要学生拿出他们的心思、耳、目、手、足的力量，来实做他们自己的生活。不一定是他们个人的，就是团体的，也要由他们自己去管理，去亲身经历。总要用他们自己的心思才力，去求他们所需要的知识学问。”

“自觉”的获得，需要学生们全身心地感受，需要心、耳、目、手、足的力量的释放，而能带来这些感受和能量的则是体验。梁漱溟认为，只有坚持“务本求实”的原则去改革，去教学，去学习，才能得到理想的结果。

从哲学意义上看，任何事物的变化，外因是条件，内因是根本，自觉教育的核心是自觉，是个体内在所需。无疑，只有内在的动机才是个体行动的持久动力。

我们时代的“生命理想”就是拥有“生命自觉”的生命，它也是我们时代的教育理想。生命自觉是时代精神催生的产物，同时也承接了中国传统教育的精髓。它表现为对自我生命的自觉、对他人生命的自觉、对外在环境的自觉以及将不同自觉对象实现转变。生命自觉的实现途径很多，但写日记是其中非常重要的一个方法。写日记是一个好习惯，不仅可以记录所见所闻，更能够记录下当时的所思所想。日记往往具有很强的隐私性，这也正是它的宝贵之处，也就是，日记可以如实地反映自己的内心变化以及引起这些变化的各种人、事、物。

养成天天写日记习惯的人都有这样的感受，翻翻以前的日记，很多被淡忘的事情又会浮现在眼前。日记是我们最忠实的成长记录，那里有我们自己认为该记住的发生在个人历史上的“重大”事件，有我们的思想、情感不断走向丰富和成熟的历程，有欢笑、有泪水，这是我们对生命进行反思的最宝贵的素材。如果能养成天天写日记的好习惯，那么将会拥有“生命自觉”的生命，并将终身受益。

本章小结

1. 大学生生命健康教育的内容包括珍爱生命的教育、保护环境的教育、正确认识死亡的教育、心理健康的教育、生命美学的教育。

2. 生命健康教育的基本特点是亲历。

【思考题】

1. 大学生生命健康教育的本质是什么？
2. 大学生生命健康教育的目标是什么？
3. 我国大学生生命健康教育有哪些方法？

CHAPTER 3

第三章

保证生命的质量:大学生生理健康教育

第一节 大学生生理健康的标准和影响因素

健康一直在人类生活中占据必要的地位，是事业成功的基础。当代大学生身在象牙塔内，不仅要掌握丰富的专业知识，也将要面对走向社会的巨大挑战，而这些必须拥有一个共同的基础——健康的体魄。由于生产力的进步，每一个时期的健康都有自己的概念，随着医学模式由单纯的生物医学模式向生物—生理—社会医学模式演变，健康的含义也不断地更新，1989年世界卫生组织（WHO）提出现代健康的概念包括生理健康，心理健康，社会适应良好和道德健康，实际上健康是指一个人的身体、精神和社会适应等方面都处于良好的状态，它包括两个方面的内容，一是指身体的脏器没有疾病，身体的形态发育良好，体型均匀，人体各个系统具有良好的生理功能。有较强的身体活动能力和劳动能力，这是对健康最基本的要求。二是对疾病的抵抗能力较强，能适应环境变化、各种生理刺激，以及致病因素对身体的影响。

一、生理健康的标准

关于健康，世界卫生组织有以下10条明确的标准：

（1）有充沛的精力，能从容不迫地应付日常生活和工作；（2）处事乐观，态度积极，乐于承担任务，不挑剔；（3）善于休息，睡眠好；（4）适应能力强，能较快地适应外界环境的各种变化；（5）能抵抗一般性感冒和传染病；（6）体重适当，身材匀称，站立时头、肩、臀位置协调；（7）眼睛明亮，反应敏锐；（8）牙齿健康，无缺损，无疼痛，牙齿颜色正常，无出血现象；（9）头发有光泽，头屑少；（10）肌肉丰满，皮肤富于弹性。

综上，健康的标准包括身体各个系统完整，功能正常，以及人的心理社会适应能力好。

二、影响健康的因素

人类健康受到各种因素的影响,国内外公认影响健康的四大因素:行为和生活方式因素,环境因素,生物因素和卫生服务因素。

(一)行为和生活方式因素

行为和生活方式因素是指人们自身的不良行为和生活方式,会给个人、群体乃至社会的健康带来的危害,仅侵袭性、累积性和广泛性的影响。不良的生活方式总是在不知不觉中影响着人们的健康,比如:抽烟,酗酒,暴饮暴食,过多地摄入脂肪和糖等不健康的饮食生活方式;熬夜,睡眠不足,长时间看电视,玩电脑游戏成瘾等不健康的休息娱乐方式;缺乏锻炼或不运动的生活方式;夫妻间情感淡漠,对孩子溺爱,对他人冷漠等不健康的情感方式;以自我为中心,孤独,抑郁,极度自私等不健康的心理活动以及过多的,过于物质化等不健康的交友方式,都会导致亚健康。

心血管疾病患者的迅速增加,就是亚健康越来越严重的直接后果。1992年,国际心脏保健会议提出的维多利亚心脏保健宣言指出,健康的四大基石是合理的膳食,适量的运动,戒烟和限制饮酒,心理健康,可见行为和生活方式对健康有重大的影响。

(二)环境因素

环境是人类赖以生存和繁衍的重要条件,对人类健康至关重要,包括自然环境和社会环境。保持人类与自然环境的和谐,对维护、促进健康有着十分重要的意义。

1. 自然环境因素

自然环境因素包含以下两个方面,即生物因素和物理化学因素。生物因素包括细菌、病毒、寄生虫、生物毒物以及其他致病源等,是传染病、寄生虫病和自然医源性疾病的直接致病源;物理化学因素包括噪声振动、电离辐射、电磁辐射和生产性毒物、交通工具排放的废气等。

2. 社会环境因素

社会环境因素对健康的影响非常广泛,在疾病的发生转化过程中常常起着极其重要的作用。社会环境和自然环境是相对而言的,社会环境又称文化社会环境,包括社会制度、法律法规、经济文化教育、人口、民族、职业等,主要是通过心理感受这个中心环节发生作用的。社会环境因素通过人的感知系统纳入,经过中枢神经系统而形成心理折射,产生心理反应及行为，引起社会适应和躯体机能的变化。社会制度决定健康相关政策和健康相关资源保障；经济决定着与健康密切相关的衣食住行；文化决定着人的健康观及与健康相关的风俗、道德、习惯；教育决定着人与健康相关的知识行为水平；法律法规决定着健康权利的维护；人口过密会给健康带来负面影响；民族习惯影响人的饮食结构及生活方式；职业决定着人的劳动强度、方式及环境等。社会环境还包括人际关系、社会环境、社会状态等。人际关系紧张，社会服务能力低下，社会处于动乱或战争状态，对健康均可造成不利影响。

3. 生物因素

人类生物遗传因素也是危害健康的因素之一，随着分子生物学遗传基因研究的发展，遗传特征、家族发病倾向、成熟老化和复合内因学说等已经在分子生物学的最新成就中找到了客观依据。(1)遗传：每个人都会从上代继承遗传基因，不仅继承高矮胖瘦基因，还要继承健康、疾病的基因，新生儿出生缺陷疾病中严重智力低下者就与遗传有关；高血压、糖尿病、色盲等都与遗传有关。(2)个体生物学特征：个体生物学特征包括性别、形态、健康状况等。不同的人处于同样的疾病流行环境中，有的人会感染得病，有的人仍然健康；不同的人喝同样多的白酒，有的人中毒严重、头晕恶心，有的人却没有中毒症状，这都和个体生物学特征有关。个体生物学特征受遗传影响，并与后天环境及社会行为习惯等有密切关系。(3)病原微生物：病原微生物包括细菌、病毒、寄生虫、原虫、螺旋体等，是威胁人体健康最主要的因素，几乎每个人每年都会多次受到病原微生物的危害。

4. 卫生服务因素

卫生服务包括预防、保健、医疗、康复服务等。良好的服务保障体系对及时消除或减少健康危害因素，维护健康有着重要意义。例如定期进行体检，及时得到自我保健指导等卫生服务是维护健康所不能缺少的。卫生服务中影响健康的因素是指卫生服务系统中，存在各种不利于保护及增进健康的因素，如医疗质量低、误诊漏诊、医院交叉感染等都是直接影响健康和医疗质量的因素。

美国的劳伦斯·格林在健康促进计划设计中，把健康行为主要相关因素分为倾向因素、促成因素、强化因素三类。倾向因素包括知识、信念、价值观、态度等；促成因素，包括可获资源、法律法规、政策、技能等；强化因素，包括激励、压力等。华西医科大学马骁教授把健康相关行为分为自身系统与环境系统两大类。自身系统包括遗传、形态等生理因素以及需求(需要)、动机等。环境系统包括家庭、同学、朋友等人际环境，居室、学校等生活环境，经济、教育、风俗、道德、自然资源等人文和自然环境，医疗保健制度、服务提供、医疗保健资源可获得性卫生服务环境等。

要使与健康相关的行为向促进健康的行为发展,必须综合考虑影响行为的各种因素的作用,并进行全面改善,否则,就不能形成促进健康的行为,或者已形成促进健康的行为不能持久。吸烟的人想要戒烟,不仅要掌握必要的有关戒烟的知识、技能,建立起戒烟的信念,有戒烟的需求、动机,而且要处在有利于戒烟的人际环境和社会环境中,使戒烟行为不断地获得法规政策、亲友舆论的正向激励,想吸烟的动机不断受到自身和外界的压力,这样才有利于戒烟行为的持久,戒烟者才不至于再成瘾君子。

第二节 大学生常见生理疾病及预防

一、急性上呼吸道感染和肺炎

(一)急性上呼吸道感染

急性上呼吸道感染(简称上感),是鼻腔炎或喉部急性炎症的总称,是人类最常见的疾病之一,免疫功能低下者容易感染,无明显年龄、性别、职业及地区差异。通常上感的病情较轻,预后良好,但其发病率高,且具有一定的传染性,会对我们的日常生活工作造成一定影响,因此应积极预防。

1.常见病因

急性上呼吸道感染主要由病毒引起,其病毒种类多样,如流感病毒、副流感病毒、鼻病毒等。细菌引起的急性上呼吸道感染,较病毒少见,主要致病菌为溶血性链球菌、肺炎链球菌,可单发或继发于病毒感染之后。

机体若受凉、饮酒、淋雨、过度疲劳等,可使全身或呼吸道局部防御功能降低,体内病原体快速繁殖致病。本病全年均可发病,冬、春季多发,多为散发,由于病毒的类型很多,且无交叉免疫,故一个人一年内可多次发病。

2.主要表现

(1)普通感冒。全年均可发生,为病毒感染引起。主要表现为打喷嚏、鼻塞、流鼻涕,伴咽干、咽喉肿痛、咳嗽等,重症者可出现呼吸不畅、嗅觉减退、味觉迟钝、声嘶等,如伴发咽鼓管炎,可出现听力障碍,如无并发症,一般5~7 d可痊愈。

(2)急性病毒性咽炎、喉炎。由病毒感染引起的特定解剖部位的炎症反应。急性咽炎主要表现为咽痒、烧灼感、咽痛,咳嗽不明显。急性喉炎主要表现为声嘶、发声困难、咳嗽,咳嗽时咽喉疼痛感可加重。

(3)急性疱疹性咽峡炎。致病源为柯萨奇病毒A组,主要表现为明显的咽痛、发热,查体可见咽部充血，软腭、悬雍垂、扁桃体表面有灰白色疱疹及浅表溃疡，周围有红晕。该症多见于儿童，成人偶发，夏季多发，病程一周左右。

（4）急性咽结膜炎。主要由腺病毒、柯萨奇病毒等引起。临床表现有发热、咽痛、畏光、流泪、咽及结膜明显充血，多发生于夏季，儿童多见，病程4~6 d。

（5）细菌性扁桃体炎。多由溶血性链球菌引起，其次为流感嗜血杆菌、肺炎球菌、葡萄球菌等，起病急，有明显咽痛、畏寒、发热症状，体温可达39 ℃以上，可见咽部明显充血，扁桃体充血、肿大，表面有黄色脓性分泌物，可伴有颌下淋巴结肿大。

3. 治疗及预防

病毒性上感一般预后良好，可使用抗病毒药物，如利巴韦林（病毒唑）、奥司他韦、板蓝根、抗病毒颗粒等治疗。必要时适当加用解热镇痛类药物，也可采用中医中药治疗。除非有白细胞升高、咽部化脓等细菌感染的确切证据，否则一般无须使用抗菌药物。

上感重在预防，平时加强身体锻炼，增强体内的抵抗力和对环境气候的适应能力；改善环境卫生，注意室内通风；如为病毒感染者，应戴口罩，尽量避免前往人口密集的公共场所，以免传染他人。

（二）肺炎

肺炎是终末气道、肺泡及肺间质的炎症，可由多种原因引起，如细菌、病毒、真菌、寄生虫、放射线、理化因素或过敏因素等。其中细菌性肺炎是最常见的，一年四季均可发生，以冬春季发病多见。

1. 常见病因

（1）社区获得性肺炎。社区获得性肺炎是指在院外已经发生的肺炎，包括已在院外感染，但尚在潜伏期内，又因其他原因住院后发病的肺炎。常见病原体为肺炎链球菌、支原体、衣原体、流感嗜血杆菌和呼吸道病毒等。

（2）医院获得性肺炎（医院内肺炎）。医院获得性肺炎是指入院时不存在也不处于潜伏期，而在入院48 h后在医院内发生的肺炎，其中包括在医院内已经感染，却在出院后48 h内发生的肺炎。常见病原体为肺炎链球菌、流感嗜血杆菌、金黄色葡萄球菌、大肠杆菌等，其中金黄色葡萄球菌的感染有明显增加的趋势。

2. 主要表现

不管是社区获得性肺炎还是医院获得性肺炎，最常见的致病源均为肺炎链球菌。患者常有受凉、淋雨、疲劳、醉酒、精神刺激等诱发因素，伴有上呼吸道感染的前驱症状。

肺炎可分为轻症和重症。常见症状有发热、咳嗽、咳脓痰或血痰，部分患者胸痛。重症肺炎患者还可出现呼吸困难、呼吸窘迫，甚至并发脑炎或休克。有的患者出现纳差，偶有恶心、呕吐、腹痛或腹泻等消化道症状。部分患者口唇有单纯性疱疹，面颊绯红，皮肤干燥。血液中白细胞总数增多或减少，胸部X射线检查提示片状、斑片状浸润性阴影或间质性改变。

3. 治疗及预防

肺炎的治疗重在抗感染。抗菌药物的应用应及早进行，一旦怀疑是肺炎，应马上给予首剂抗菌药物。根据具体分型选用不同类型的抗生素，足量用药。肺炎抗菌药物的治疗，大多数患者需要7~10 d，甚至更长。

大学生人群预防肺炎的方法主要是增强体质，提高自身免疫力，同时避免各种诱发因素，如酗酒、受寒、淋雨、过度劳累等。

二、急慢性胃炎和消化性溃疡

（一）急性胃炎

急性胃炎是由多种病因引起的急性胃黏膜炎症。以急性糜烂出血性胃炎最常见。

1. 常见病因

急性糜烂出血性胃炎的常见病因主要有应激（如大手术、严重创伤、大面积烧伤、多器官衰竭、颅内病变等）、药物（常见的有阿司匹林、吲哚美辛、某些抗肿瘤药物等）、乙醇等。

2. 主要表现

轻症患者症状轻微，仅有上腹部不适或隐痛，甚至无明显症状。随着病程进展，可出现呕血或（和）黑便，伴厌食和恶心、呕吐等，常伴有肠炎导致腹泻，查体上腹部或脐周有压痛、肠鸣音亢进。确诊有赖于急诊胃镜检查，宜在出血发生后24~48 h内进行。内镜下可见到以弥漫分布的多发性糜烂、出血灶和浅表溃疡为特征的急性胃黏膜病损。

3. 治疗及预防

应针对原发疾病和病因采取防治措施。对应激引起的急性糜烂出血性胃炎，除治疗原发病去除应激因素外，常规给予H_2受体拮抗剂或质子泵抑制剂，或具有胃黏膜保护作用的硫糖铝预防。对已发生消化道大出血的患者，应先止血；有感染者应使用抗生素控制感染。症状较重者，建议卧床休息，禁止食用一切刺激的饮食和药物，酌情暂时禁食或进流质食物，多饮水。

(二)慢性胃炎

慢性胃炎是各种原因引起的胃黏膜慢性炎症。

1.常见病因

最主要的病因是幽门螺杆菌(HP)感染,另外还有研究提示与饮食和环境也有密切关系(如饮食中高盐和缺乏新鲜蔬果),还包括自身免疫因素、十二指肠液反流、酗酒、服用非甾体抗炎药物等。

2.主要表现

慢性胃炎病程迁延,多数患者无症状,有症状者表现为消化不良、上腹饱胀不适、隐痛、嗳气、反酸、恶心、食欲不振等,患者症状的轻重程度与慢性胃炎的内镜所见无明确相关性。

3.治疗及预防

对于幽门螺杆菌感染引起的胃炎,特别在活动期,应给予抗菌治疗。近年来为了提高首次幽门螺杆菌根治率,减少继发耐药,含铋剂的四联疗法,已作为根治幽门螺杆菌的一线治疗方案。

为保护胃黏膜,促进胃黏膜修复,可给予保护胃黏膜药物。对胃酸过少或无胃酸者,可服用10%的稀盐酸和胃蛋白酶合剂,也可适量服用米醋,对消化不良、疼痛者,可用健胃、制酸及解痉镇痛药物;对胆汁反流明显者可给予甲氧氯普胺、吗丁啉等药物。

慢性胃炎患者,均应戒烟、戒酒、减少食盐摄入、避免食用对胃黏膜有刺激的食物及药物,如阿司匹林、激素等;保持规律饮食,避免精神紧张。

(三)消化性溃疡

消化性溃疡主要是指发生在胃和十二指肠球部的慢性溃疡。因溃疡的形成与胃酸和胃蛋白酶的消化作用有关,故称消化性溃疡。溃疡的黏膜缺损超过黏膜肌层,故不同于黏膜糜烂。如果溃疡单独发生在胃或十二指肠,分别称为胃溃疡或十二指肠溃疡。二者在流行病学发病机制上虽有不同,但也有共同点,尤其在临床治疗方面。

1.常见病因

正常生理情况下,胃十二指肠黏膜有一套完善有效的防御和修复机制,足以抵抗胃酸和胃蛋白酶的侵蚀,只有当某些因素损害了这个机制才可能发生胃酸和胃蛋白酶侵蚀黏膜形成溃疡。从已知的研究中得知的最常见的损害因素是幽门螺杆菌和非甾体抗炎药。饮食、吸烟、应激、遗传等因素也与消化性溃疡发病有不同程度的关系。

2. 主要表现

上腹痛是消化性溃疡的主要症状，多位于中上腹，也可偏左或偏右，一般为轻至中度持续性烧灼疼痛，可伴有上腹胀、反酸、嗳气等症状。溃疡活动时，上腹部可有局限性压痛。典型的消化性溃疡有以下3个特点：(1)慢性过程病史可达数年至数十年。(2)周期性发作，发作与缓解交替，发作常有季节性，多在秋冬或冬春季之交发病，不良情绪或劳累可诱发。(3)发作时上腹痛呈节律性，空腹痛（餐后2~4 h）或午夜痛，进食或服用抗酸药后缓解，多见于十二指肠溃疡。若进食后疼痛加剧，则多为胃溃疡。部分患者无上述典型的疼痛表现，而仅仅表现为无规律的不典型的上腹隐痛或不适，与具有典型疼痛的患者一样，可伴有上腹胀、嗳气、反酸等症状。

3. 并发症

(1)出血。消化性溃疡如不及时治疗，随着病程迁延，可发生多种并发症，其中最常见的就是出血，同时上消化道大出血最常见的病因也是消化性溃疡，约占50%。(2)溃疡穿孔。以十二指肠球部溃疡多见，胃、肠内容物流入腹腔引起弥漫性或局限性腹膜炎，严重者出现休克。(3)幽门梗阻。主要由幽门管溃疡或十二指肠溃疡引起。表现为餐后上腹饱胀，上腹部疼痛加重、恶心、呕吐，大量呕吐后症状可减轻，呕吐含发酵宿食。(4)癌变。少数胃溃疡可发生癌变，十二指肠溃疡一般不发生癌变。

4. 治疗与预防

消化性溃疡的治疗需要消除病因、缓解症状、促进溃疡愈合、预防复发和避免并发症。以药物治疗和手术治疗为主。

患者应保持乐观的心态，生活规律，避免紧张和劳累。注意饮食健康，戒烟、戒酒，避免使用非甾体抗炎药物。

(四)急性阑尾炎

急性阑尾炎是最常见的急腹症之一，发病率高，各年龄段及妊娠期妇女均可发病，以青壮年最为多见。

1. 常见病因

阑尾在腹部的右下方，位于盲肠与回肠之间，是细长而弯曲的盲管，远端闭锁。这种解剖特点决定了其易发生感染。

2. 主要表现

急性阑尾炎的症状主要表现在腹痛、胃肠道症状和全身症状3个方面。

（1）腹痛。典型的转移性右下腹痛是急性阑尾炎的特异体征，大多数人可出现典型表现。即腹痛始于上腹部，逐渐向脐部，数小时后疼痛转移并局限在右下腹。单纯性阑尾炎多呈轻度隐痛；化脓性阑尾炎呈阵发性胀痛和剧痛；坏疽性阑尾炎呈持续性剧烈腹痛；穿孔性阑尾炎表现为穿孔后，腹痛暂时缓解，但出现腹膜炎后，腹痛加剧且范围扩大。

（2）胃肠道症状。病变的早期表现为食欲不振、恶心、呕吐，可伴腹泻。阑尾炎炎症刺激直肠及膀胱时，可出现里急后重的症状。阑尾炎引起弥漫性腹膜炎时可并发肠梗阻、腹胀，排便、排气减少。

（3）全身反应。发病初期一般无明显全身症状，体温升高至38℃左右，当发生穿孔时炎症反应加重，体温会更高。阑尾炎引起广泛腹腔感染、弥漫性腹膜炎时，可出现败血症，甚至合并其他脏器功能障碍。

3. 治疗及预防

大多数急性阑尾炎一经确诊，应及时手术治疗切除病变阑尾。此时手术操作比较简单，术后并发症少，术前应用抗生素，有助于防止术后感染的发生。非手术治疗仅适用于单纯性阑尾炎及急性阑尾炎早期，经适当药物治疗后可能恢复正常的患者，或者不愿接受手术、全身情况差有手术禁忌证的患者，其主要的治疗措施为抗生素治疗。

预防急性阑尾炎要注意保持充分的睡眠、良好的生活饮食习惯，保持自身的免疫力；配合食用高膳食纤维、低脂高蛋白饮食。

三、泌尿系统感染和尿路结石

（一）泌尿系统感染

泌尿系统感染是因各种病原微生物侵犯泌尿系统而导致的尿路感染性疾病。泌尿系统包括双侧肾脏、双侧输尿管、膀胱及尿道。肾脏位于腰部脊柱两侧，向内下方逐渐变细，移行为输尿管，输尿管走行在腹腔及盆腔后腹膜之后，进入盆腔后与膀胱相通，膀胱下方开口于尿道，根据感染部位可分为上尿路感染（肾盂肾炎）和下尿路感染（膀胱炎）。临床上尿路感染以细菌性感染最常见。

1. 常见病因

尿路感染多见于育龄期女性、老年人、免疫力低下及尿路畸形者。这是由于女性的解剖学特点所致：女性尿路短而宽，细菌容易从尿道口进入；尿道口和阴道口有分泌物、经血，有利于细菌生长繁殖。革兰氏阴性菌是尿路感染最常见的致病菌，其中以大肠埃希菌最常见，其次为变性杆菌、克雷伯菌。

正常情况下膀胱黏膜层有一定的抗菌能力，加之尿液的冲刷作用，尿液中高浓度的尿素、高渗透压和酸性环境等不利于细菌生长的保护机制，病原体进入膀胱后很快被清除，但下列情况可诱发感染：(1)尿路梗阻，任何阻碍尿液自由流出的原因，如尿道狭窄、结石、肿瘤、前列腺肥大等，病原体不易被冲洗清除而局部聚集繁殖引起感染；(2)机体免疫力低下，如糖尿病、肿瘤、长期使用糖皮质激素、长期卧床、艾滋病等；(3)其他因素，神经源性膀胱、膀胱输尿管反流、妊娠、性活动、泌尿系统结构异常、邻近组织炎症浸润、医源性因素等。

2. 主要表现

(1)膀胱炎。膀胱炎占尿路感染的60%以上，起病急，主要表现为尿路刺激征(尿频、尿急、尿痛)、下腹部疼痛等。尿液浑浊有异味，可伴血尿。少数患者出现腰痛、发热，体温多在38.0℃以下，如体温高于38.0℃，且全身系统症状表现突出，应考虑有肾脏或其他系统感染。(2)肾盂肾炎。肾盂肾炎多见于育龄女性，起病急，除泌尿系统症状外全身症状也突出，如发热、头疼、寒战、全身酸痛、恶心、呕吐等，体温多在38.0℃以上，一侧或双侧肋脊角或输尿管点压疼、肾区叩疼。膀胱炎和肾盂肾炎患者尿常规检查可见白细胞数增多，尿液细菌培养阳性，急性期血常规检查白细胞总数可增高。(3)无症状菌尿。无症状菌尿是指患者无尿路感染的症状，但尿培养呈阳性。可由症状性尿路感染演变而来，也可在以后的病程中出现急性尿路感染。

3. 治疗及预防

患者在急性期应多休息、多饮水、勤排尿，有尿路梗阻者应及时解除梗阻，去除诱因。

抗感染治疗的用药原则：(1)根据致病菌的种类选择抗生素，一般首选对革兰氏阴性杆菌敏感的抗生素，治疗3 d后如症状无改善，则应根据药敏结果调整用药方案；(2)选用肾毒性小，副作用少的抗生素；(3)单一药物治疗失败，有混合感染、严重感染、耐药菌株出现等情况时应联合用药；(4)对不同类型的尿路感染给予不同的治疗时间。

预防尿路感染要多喝水、勤排尿，注意个人卫生，治疗全身性疾病，提高身体抵抗力。

(二)尿路结石

尿路结石是肾结石、输尿管结石、膀胱结石和尿道结石的总称，为泌尿外科很常见的疾病，多见于青壮年。肾和输尿管结石称为上尿路结石，膀胱结石和尿道结石称为下尿路结石。

在我国男女比例发病率有差异，男性多于女性；上尿路结石多于下尿路结石。

1.常见病因

尿路结石可以由草酸盐、尿酸盐、磷酸盐结晶析出沉淀导致,也有可能是这三种物质同时结晶析出沉淀导致,所以尿路结石可以分为草酸盐结石、尿酸盐结石、磷酸盐结石以及混合性结石。上尿路结石大多数为草酸钙结石,膀胱结石中磷酸盐结石较上尿路结石多见。

2.主要表现

上尿路结石主要症状是血尿和疼痛。通常病人都有镜下血尿或肉眼血尿,以前者多见。肾结石引起肾区疼痛伴脊肋角叩痛,输尿管结石可引起肾绞痛,表现为突发剧烈疼痛,持续或阵发性发作,向同侧腹股沟、外阴、大腿内侧放射,可伴有恶心、呕吐、大汗淋漓、面色苍白等全身症状。输尿管膀胱壁段结石或结石伴感染时,可出现尿频、尿急、尿痛。

膀胱结石的典型症状为排尿突然中断,排尿困难,疼痛会放射至会阴或阴茎头部,改变体位后疼痛或能缓解,然后继续排尿,常伴有终末血尿,合并感染时膀胱刺激症状加重并有脓尿。

尿道结石大部分来自肾和膀胱,多见于男性,多位于前尿道。典型症状是排尿困难,呈点滴状,伴尿痛,严重者可发生急性尿潴留及会阴部剧痛。

3.治疗及预防

确诊上尿路结石后,应止痛、补液(大量饮水或输液)和防止感染。结石直径小于0.6 cm,表面光滑、无尿道梗阻及感染、纯尿酸结石及磷酸盐结石者,可先行保守治疗。根据不同结石成分,可给予药物酸化或碱化尿液,如有感染需用抗生素控制感染,还可配合中药或针灸促进结石排出。根据结石嵌顿的部位、大小、性质、感染程度及患者身体素质等综合情况,按需选择不同的取石方法,如体外冲击波碎石、经皮肾镜取石或碎石术、输尿管镜取石或碎石术、腹腔镜输尿管取石、开放手术治疗。

膀胱结石一般采用手术治疗取出结石,并发严重感染时,用抗生素控制感染,排尿困难者留置尿管,引流尿液,同时积极治疗病因。

尿道结石,尽可能地经尿道取出结石,尽量不做尿道切开取石,以免造成尿道狭窄。

预防尿路结石的发生,平时要多饮水,成人24 h尿量应保持2 000 mL以上,调节饮食,解除尿路梗阻因素,及时治疗尿路感染,适量运动。

四、五官常见疾病

（一）近视

近视是指调节放松的状态下，平行光线经眼球屈光系统后聚焦在视网膜之前，以视远模糊、视近清楚为特征，是青少年最常见的眼部异常。

1. 常见原因

引起近视的因素很多，主要受以下几方面的因素影响。

（1）环境因素。不注意用眼卫生，不正确的看书写字姿势、长时间过度用眼、用眼环境采光不足等，这些都是造成青少年近视的重要因素。

（2）遗传因素。父母双方都是高度近视，子女也易患高度近视。

（3）体质及营养状况的影响。营养不良会造成生长发育过缓（或不良），影响眼球发育、巩膜弹性降低，进而使眼轴变长而近视。

2. 主要表现

典型表现为远距离视物模糊，近距离视力好。高度近视容易引起斜视，且常伴有夜间视力差、眼前有漂浮物、闪光感、眼球突出等症状。

3. 治疗及预防

真性近视一旦形成后，如裸眼视力较差，影响日常生活、学习，主要通过佩戴眼镜进行视力矫正，眼镜种类多种多样，包括框架眼镜、角膜接触镜、角膜塑形镜等。部分成年患者还可通过屈光手术矫正。

预防近视形成，要从小重视。养成正确的用眼习惯，看书、写字的姿势要正确，书本与眼睛的距离应保持在30 cm左右，光线要充足，控制用眼时间，避免长时间用眼。积极参加户外体育锻炼及活动，认真做好眼保健操，均衡营养。

（二）鼻出血

鼻出血又称鼻衄，系血液经鼻流出，多为单侧发生，少数情况下可出现双侧出血，是耳鼻喉科最常见的症状之一。

1. 常见病因

出血的原因很多，鼻腔本身的原因可引起出血，鼻腔周围或全身性疾病也可诱发鼻出血，大致可分为以下几类

（1）局部原因。如鼻部创伤、鼻腔及鼻窦炎症、鼻中隔疾病、鼻部变应性疾病、鼻腔异

物、鼻腔及鼻窦肿瘤、鼻腔血管畸形、鼻咽部疾病的，其中以利氏区黏膜糜烂和毛细血管扩张最为常见。

(2)全身原因。如出血性疾病及血液病、循环系统疾病、急性发热性传染病、妊娠和内分泌紊乱、药物不良反应、毒性物质刺激、气压改变等，其中以急性上呼吸道感染和高血压及动脉硬化最常见。

(3)特发性鼻出血。即在疾病的全过程中找不到明确病因的鼻出血。

此外，鼻出血与年龄、职业、传染病、地域、环境、流行病等均有关。

2.主要表现

鼻出血量多少不一，时间长短不一。出血量达500 mL时可致头晕、口渴、乏力、口唇苍白；超过500 mL者常有血压下降、出冷汗、胸闷等血容量不足的临床表现；超过1000 mL者可导致失血性休克。

少年儿童、青年人鼻出血多发生于鼻中隔前下部的利氏区，有时可见喷射性或搏动性小动脉出血。中老年人的鼻出血，常常与高血压和动脉硬化有关，出血部位多位于鼻腔后部。此部位的出血较为凶猛，不易止住，血液迅速流入咽部，从口中吐出。局部病患引起的鼻出血多发生于一侧鼻腔；全身疾病引起者可是双侧鼻腔同时出血或交替出血。

3.治疗及预防

鼻出血为急症，治疗时首先维持生命体征平稳，尽可能迅速止血。患者常因出血而情绪紧张、恐惧，医生要安慰患者，使其镇静后进行有效治疗。

治疗方法如下：

(1)鼻腔止血方法。根据出血部位、轻重缓急及原因，选择不同的止血方法。①指压法。适用于出血量少，出血部位在利氏区的患者。嘱患者用手捏紧双侧鼻翼或将出血侧的鼻翼压向鼻中隔10~15 min，可同时冷敷前额和后颈。②烧灼法。适用于反复少量出血并有明确的出血点的患者。用黏膜收缩剂或表面麻醉药处理鼻腔黏膜后，通过电灼、双极电凝、射频、冷光或激光等物理方法封闭出血的血管。③填塞法。填塞法是最有效、最常用的鼻腔止血方法。适用于出血比较剧烈，渗血面较大或出血部位不明确的患者。多数鼻出血患者经凡士林油纱条前鼻孔填塞后可止血；前鼻孔填塞无效以及鼻腔后部、鼻咽部出血者使用后鼻孔填塞。需注意鼻腔填塞物通常于48~72 h取出，全身应用抗生素以防引起鼻腔、鼻窦及中耳感染等并发症。④鼻内镜下止血。鼻内镜直视下通过鼻腔局域性填塞、激光、电凝、微波等手段完成止血治疗，止血准确且迅速，损伤小、痛苦少、效果好。以上方法均无效时可采用血管结扎法、血管栓塞法。

(2)全身治疗。寻找出血原因，进行病因治疗；嘱患者半坐位休息、保持镇静，注意营养，给予高热量、容易消化的饮食，适当应用止血剂。

(3)其他治疗。对鼻中隔前下方反复出血者,可考虑局部注射硬化剂或进行鼻中隔黏膜下剥离术或划痕术,使该处组织形成瘢痕,闭塞血管而止血;遗传性出血性毛细血管扩张症患者可行鼻中隔植皮成形术。对于鼻腔或鼻窦肿瘤引起的出血者,应视具体情况和肿瘤性质,决定治疗方式。

预防措施如下:

清淡饮食,忌辛辣刺激食物,保持大便通畅;环境空气较为湿润,且温度适宜。对于儿童和青年人鼻出血患者,应纠正其挖鼻、用力揉鼻、放置异物等易导致黏膜损伤的不良习惯;老年人勿用力捏鼻,咳嗽,有高血压等全身及相关疾病者应积极治疗。

(三)龋齿和牙周病

1.龋齿

龋齿俗称虫牙或蛀牙,是牙齿在以细菌为主的多种因素影响下,发生在牙体硬组织的一种慢性、进行性破坏的疾病,是青少年时期最常见的疾病之一。1989年我国把龋齿列为我国学生重点防治的常见病,并将每年9月20日定为全国“爱牙日”,号召人们重视口腔卫生和口腔保健。

(1)常见病因。龋齿的发生主要受细菌(变形链球菌,乳酸杆菌和放线菌)、食物(蔗糖)、宿主(牙齿和唾液)、时间(龋病发病的每个过程都需要时间)这四联因素的影响。

(2)主要表现。按病变深度可分为浅龋、中龋、深龋三类。①浅龋。釉质龋或早期釉质龋牙面有黑褐色改变或失去光泽的斑点。②中龋。龋坏到达牙本质,浅层形成龋洞,利用尖头探针探测龋损部位有拉钩或插入的感觉。探测洞底或牙颈部的龋洞有变软、疼痛或过敏等。③深龋。龋洞深大,到达牙本质深层,对冷热或酸甜刺激产生敏感甚至难忍的疼痛。

(3)治疗及预防。针对不同程度的龋损可采取保守或修复性方法治疗,如早期釉质可采用化学疗法或再矿化疗法。修复性治疗,即用手术的方法去除龋坏组织,制备成一定的洞形,然后选用适宜的修复材料修复缺失部分,修复牙齿的形态和功能。

预防龋齿要做到以下几点。

①保持口腔清洁,刷牙可机械去除牙菌斑和牙垢,保持饭后漱口或刷牙,晚间睡前刷牙是预防龋齿的有效方法。②使用含氟牙膏漱口或局部使用氟化药物能安全有效地提高牙齿抗龋能力,但要注意的是少数地区由于水中含氟量过高,易引起慢性氟中毒,表现为牙齿失去光泽,出现白变、棕黄或褐色斑点,牙齿变脆,这些地区的人就不能再使用氟化牙膏及氟化药物。③尽量避免食糖过多,尤其是睡前食糖。④提高自我监测的意识,注意观察牙齿是否有变黑或失去光泽的斑点,对冷热刺激,酸甜食物是否敏感,一旦发现

应及时找口腔医生检查治疗。早期发现、及时治疗,这样口腔可以得到较好的保健。拥有一口美观而坚硬的牙齿,对我们的健康有着终生的影响。

2. 牙周病

牙周病是牙周组织(牙龈、牙周膜、牙槽骨)病变的总称,包括各型牙龈炎、牙周炎、牙周变性、牙周萎缩等。

(1)常见病因。牙周病的病因有局部和全身因素两大类。局部因素有牙齿排列不整齐、牙菌斑以及细菌毒素的作用、牙石对牙齿组织的机械刺激等。全身性因素与营养状况、代谢障碍、遗传、内分泌等有关。

(2)主要表现。患者早期往往没有明显的症状,继续发展则出现牙龈红肿、容易出血;如果不及时治疗,会出现牙龈萎缩、牙槽骨吸收、牙周袋形成、牙齿松动与移位,最终导致牙齿脱落或被拔除。

(3)治疗及预防。牙周病患病率极高,几乎每个人都可能患有不同程度的牙周病,而且病程较长,一旦患病治疗很难奏效。因此,对本病的预防就显得十分重要。预防措施有以下几方面:①养成良好的口腔卫生习惯,坚持饭后漱口、早晚刷牙、睡前刷牙;②最好每半年或一年进行一次洁牙,去除牙结石及色素,每年进行一次口腔保健检查,早期发现龋病、牙周病,并采取相应的措施;③注意膳食平衡,适当选择一些硬的、纤维素较多的食物,增强咀嚼功能以促进牙周支持组织的健康;④患了牙周病,应及时就诊,在医生的指导下积极进行治疗,防止牙周病继续发展。

(四)痤疮

寻常性痤疮即俗称的粉刺、青春痘,是青春期常见的毛囊皮脂腺的一种慢性炎症性疾病,好发于面、背、胸等皮脂腺丰富的部位;多见于15~30岁的青年男女,男性多于女性。

1. 常见病因

痤疮的发病主要与雄激素及皮脂腺分泌物过多、毛囊口上皮角化亢进、痤疮丙酸杆菌及遗传等因素有关。此外,化妆品使用不当、精神因素、烟酒及辛辣食物刺激、某些药物等也可诱发或加重痤疮的发生发展。

2. 主要表现

皮损主要发生在面部,其次是胸、背及肩部,常伴有皮脂溢出。皮损开始为粉刺,有黑头粉刺和白头粉刺两种;粉刺可继续发展成炎性丘疹、脓包、结节及囊肿等,临床上以炎性丘疹最多见;结节性痤疮及囊肿性痤疮多见于男性,不易消退。病程持续数年或数十年,至中年逐渐缓解而愈。

3. 治疗及预防

痤疮的治疗原则是去脂、溶解角质、杀菌及消炎。皮损轻者仅外用药即可治愈，可选用适宜浓度的维生素A制剂、过氧苯甲酰制剂、林可霉素等局部外涂。严重的痤疮患者，在局部治疗的基础上，需配合口服药物进行治疗，内服药物包括抗生素、糖皮质激素（仅用于严重的结节性、囊肿性及聚合性痤疮患者）等。药物面膜、石膏面膜亦可采用。美容治疗也是一种可供选择的治疗方法，户外紫外线照射、激光疗法等可减轻炎症，减少瘢痕形成。

预防痤疮形成应注意个人卫生，不用手挤损害部位，多用温热肥皂水洗脸以去除皮脂（使用含硫黄的肥皂效果比较好）；避免吃刺激性食物，少食脂肪、糖类，适当使用化妆品等。

第三节 大学生常见传染病及预防

传染病是由各种病原体,包括病原微生物和寄生虫感染人体后所引起的一种传染性疾病。传染病的四个基本特征是:有病原体、有传染体、有流行病学特征、有感染后免疫。传染病在人群中发生发展和转归的过程称为传染病的流行过程,其发生需要三个基本条件,即传染源、传播途径和易感人群。传染病的预防主要针对其流行过程的三个环节,即管理传染源、切断传播途径和保护易感人群,阻断其中任何一个环节,就不会发生传染病的流行。

下面重点介绍几种常见的传染病及其预防方法。

一、流行性感冒

流行性感冒简称流感,是由甲型、乙型或丙型流感病毒引起的急性呼吸道传染性疾病,其传染性强,病毒易发生变异,尤其是甲型流感病毒,已多次引起世界范围的大流行,主要特点为全身症状,而呼吸道卡他症状相对较轻。

(一)流行病学特征

1. 传染源

本病患者及隐性感染者是主要的传染源,动物亦可成为重要的中间宿主。

2. 传播途径

主要经空气中的飞沫传播。

3. 易感性

人群对流感普遍易感,虽病后有一定免疫力,但对各种病毒及亚型病毒无交叉免疫,所以人的一生可多次罹患流感,且病毒变异后人群重新易感。

4. 流行特征

流感多发于春冬季，其传染性强，传播范围广，易流行，尤其在学校、工厂等人群聚居的地方。

（二）主要表现

潜伏期一般为1~3 d，主要症状为突发高热、寒战、头痛，全身肌肉酸痛乏力，上呼吸道卡他症状相对较轻甚至不明显，3~5 d后发热消退，咳嗽和乏力可持续1~2周，老年患者或免疫力低下者罹患流感后病情可持续发展，高热不退，全身衰竭，胸部X光片可表现为多处肺部阴影，合并继发肺部细菌感染的患者病死率较高。

（三）治疗及预防

目前尚无抗流感病毒的特效药物，主要是解热镇痛及对症支持治疗，若继发细菌感染时可使用抗生素，注意卧床休息，多饮水，吃稀软食物。在流感流行时应尽可能地隔离患者，加强公共卫生管理，减少公众聚集，以防止疫情进一步扩散，对易感人群接种流感病毒疫苗。

二、严重急性呼吸综合征

严重急性呼吸综合征（SARS），又称传染性非典型性肺炎，由变异的冠状病毒引起，是具有明显传染性可累及多个器官系统的特殊肺炎，主要特征是发病急，发热、干咳、呼吸困难，血常规检查中白细胞不高或降低，抗菌药物治疗无效。

（一）流行病学特征

1. 传染源

本病患者、接触过患者的疑似病例及隐形感染者，其中感染者是主要的传染源。

2. 传播途径

通过短距离飞沫或接触污染的物品传播。

3. 易感性

在发病前两周曾密切接触过患者，在该病流行的地方生活过或正生活在流行地区的人易感。

4. 流行特征

人群普遍易感,呈家庭和医院聚集性发病。

(二)主要表现

潜伏期一般为2~10 d,大多数在4~5 d内发病,多以发热为首发症状,体温多高于38℃,咳嗽少痰,偶有血丝,可伴寒战,头痛,肌肉关节疼痛乏力,腹泻等症状,严重者出现呼吸困难或呼吸窘迫,患者多无清涕、喷嚏等上呼吸道卡他症状,肺部体征不明显,部分患者可闻及少许湿啰音或肺部实变体征。

(三)治疗及预防

一般性治疗同普通病毒性肺炎,重症患者可适当使用糖皮质激素,对呼吸困难患者根据具体情况及时进行无创或有创机械通气治疗,同时注意全身其他器官的支持治疗,可给予中药辅助治疗,定期复查胸片。学校对严重急性呼吸综合征的预防,应加强宣传教育,认真做好学校环境卫生;建立晨检制度,及时掌握学校及教职工的身体状况;经医院诊断的患者或疑似病例的学生、教职工要按相关规定进行隔离治疗,并及时上报疾控中心和教育局;对与病人密切接触者,要进行密切观察,有疑似病症者要及时送医院检查治疗;家中有严重急性呼吸综合征病人的学生、教职工,建议其留家观察10 d,如未出现发热、咳嗽等呼吸道症状方可返校;对于出现本病患者的学校,该患者活动过的室内场所要在疾病预防控制机构指导下进行消毒。

三、新型冠状病毒肺炎

新型冠状病毒肺炎(COVID-19),又称新冠肺炎,是由新型冠状病毒(2019-nCoV)引起的具有明显传染性的新发急性呼吸道传染病。

(一)流行病学特征

1. 传染源

主要是新型冠状病毒感染的患者和无症状感染者,潜伏期亦有传染性,发病后5 d内传染性较强。

2. 传播途径

呼吸道飞沫和密切接触是主要传播途径，接触病毒污染的物品也可造成传染。

3. 易感性

人群普遍易感。感染后或接种新型冠状病毒疫苗后可获得一定的免疫力，但持续时间尚不明确。

4. 流行特征

人群普遍易感，呈家庭社区聚集性发病。

（二）主要表现

潜伏期一般为1~14 d，大多数感染者在3~7 d发病。

1. 临床症状

以发热、干咳、乏力为主要表现，部分患者以嗅觉、味觉减退或丧失等为首发症状，少数患者伴有鼻塞、流涕、咽痛、结膜炎、肌痛和腹泻等症状。重症患者多在发病一周后出现呼吸困难和（或）低氧血症，严重者可快速进展为急性呼吸窘迫综合征、脓毒症休克、难以纠正的代谢性酸中毒和凝血功能障碍及多器官功能衰竭等。极少数患者还可有中枢神经系统受累及肢端缺血性坏死等表现。值得注意的是重型、危重型患者病程中可为中低热，甚至无明显发热。

2. 辅助检查

发病早期外周血白细胞总数正常或减少，可见淋巴细胞计数减少。影像学早期呈现多发小斑片影及间质改变，以肺外带明显，进而发展为双肺多发磨玻璃影、浸润影，严重者可出现肺实变，胸腔积液少见。采用RT-PCR和（或）NGS方法在鼻咽拭子、痰和其他下呼吸道分泌物、血液、粪便、尿液等标本中可检测出新型冠状病毒核酸。

（三）治疗及预防

卧床休息，加强支持治疗，保证充分能量摄入；注意水、电解质平衡，维持内环境稳定；密切监测生命体征、指氧饱和度等。及时给予有效氧疗措施，包括鼻导管、面罩给氧和经鼻高流量氧疗。有条件可采用氢氧混合吸入气（H_2/O_2：66.6%/33.3%）治疗。

经临床观察研究显示，抗病毒治疗药物可能具有一定的治疗作用。目前较为一致的意见认为，具有潜在抗病毒作用的药物应在病程早期使用，建议重点应用于有重症高危因素及有重症倾向的患者。重症患者可进行免疫治疗或适当使用糖皮质激素，对呼吸困难患者根据具体情况及时进行无创或有创机械通气治疗。同时可给予中药辅助治疗,根据病情监测血常规、尿常规、C反应蛋白、生化指标(肝酶、心肌酶、肾功能等)、凝血功能、动脉血气分析、胸部影像学等。

日常生活中,保持良好的个人及环境卫生,均衡营养、适量运动、充足休息,避免过度疲劳,提高健康素养,养成"一米线"、勤洗手、戴口罩、公筷制等卫生习惯和生活方式,打喷嚏或咳嗽时应掩住口鼻。保持室内通风良好,科学做好个人防护,出现呼吸道症状时应及时到发热门诊就医。近期去过高风险地区或与确诊、疑似病例有接触史的,应主动进行新型冠状病毒核酸检测。

四、肺结核

结核病是由结核分枝杆菌感染引起的慢性传染病,结核分枝杆菌可侵入人体全身各个器官,但主要侵犯肺,称为肺结核。历史上曾出现世界范围广泛流行,夺去了数亿人生命,世界卫生组织于1993年宣布全球结核病紧急状态,确定每年3月24日为世界防治结核病日。我国结核病疫情在经济不发达的中西部地区较为严重,较经济发达的东部沿海省份高两倍,农村高于城市。

(一)流行病学特征

1.传染源

不是所有类型的肺结核都具有传染性,也不是任何一个肺结核病人在其患病期间的任何时候都具有传染性。肺结核的主要传染源是继发性肺结核患者,传染性的大小取决于患者痰中的细菌数量。

2.传播途径

飞沫传播是肺结核最重要的传播途径,包括咳嗽、喷嚏、大笑、大声谈话等方式,将含有结核分枝杆菌的微粒排到空气中。

3.易感性

免疫系统不完善或免疫力低下的人群是结核分枝杆菌的易感人群,如婴幼儿、老年人、艾滋病患者、免疫抑制剂使用者、慢性疾病患者,另外营养不良及其他遗传因素,也可影响机体对结核分枝杆菌的自然抵抗力。

4. 流行特征

结核分枝杆菌对冷、酸、碱、干燥抵抗力强，在经济卫生条件落后、居住拥挤的地区的人易感结核分枝杆菌。当人体首次吸入含结核分枝杆菌的飞沫时，如果结核分枝杆菌存活下来并在肺泡内繁殖时，部分肺组织出现炎性病变称为原发病灶。结核分枝杆菌从原发病灶沿淋巴管进入血液中，称为血行播散，播散到全身各器官的结核分枝杆菌大部分被消灭，但仍有少量结核分枝杆菌长期处于休眠状态。当各种原因导致机体抵抗力降低，结核分枝杆菌重新活动而发生结核病，这种称为继发性结核，肺受到结核分枝杆菌的再度感染，则称为继发性肺结核。继发性肺结核与原发性肺结核有明显的差异，前者有明显的临床症状，容易出现空洞，且具有传染性。

（二）主要表现

1. 呼吸系统症状

肺结核最常见的症状是咳嗽、咳痰，表现为干咳或伴少量黏液痰，有空洞形成时痰量较多，合并细菌感染时可呈脓痰，合并支气管结核时表现为刺激性咳嗽，可伴咯血胸痛，呼吸困难。

2. 全身症状

发热为最常见的全身症状，表现为长期的午后潮热、夜间盗汗，部分患者有乏力、食欲减退、体重减轻、月经不调等。

（三）治疗及预防

（1）化学和生物制剂的抗结核药物治疗称为化学疗法，是现代结核病最主要的治疗方法。结核病的化学治疗原则是早期、规律、全程、适量、联合，治疗方案分强化和巩固两个阶段。我国目前常用的抗结核药物有异烟肼、利福平、吡嗪酰胺、乙胺丁醇、链霉素等。结核分枝杆菌易形成耐药，因此结核病治愈率低，死亡率高，传染性大，对全球结核病控制构成了严峻的挑战，而我国又是耐多药结核病的高发国家之一，结核病防治工作任重道远。

（2）控制传染源，切断传染途径，保护易感人群是控制结核病流行的基本原则。

（3）接种卡介苗可保护未受感染者，并可使感染后不易发病，即使发病也易治愈。广泛开展防治结核病的健康教育，使广大群众了解结核病的危害及防治知识，养成良好的卫生习惯，不随地吐痰，不对着人咳嗽、打喷嚏，探望病人时应戴口罩。新生入学体检时应尽量全部进行胸片检查，早发现，早治疗，早隔离。

五、病毒性肝炎

病毒性肝炎是肝炎病毒引起的以肝脏炎症和坏死病变为主的传染性疾病，引起肝炎的病毒有很多，包括甲型肝炎病毒、乙型肝炎病毒、丙型肝炎病毒、丁型肝炎病毒、戊型肝炎病毒等，其中以乙型肝炎病毒引起的乙肝最多见，甲型和戊型肝炎病毒所引起的肝炎主要为急性肝炎，乙型、丙型、丁型肝炎病毒所引起的肝炎主要为慢性肝炎并可发展为肝硬化和肝癌。

本文主要介绍常见的两种肝炎类型，甲型肝炎和乙型肝炎。

（一）流行病学特征

1. 传染源

（1）甲型肝炎的主要传染源是该病患者及亚临床感染者，患者在起病前两周和起病后一周内，排泄物中甲型肝炎病毒数量最多，传染性最强。

（2）乙型肝炎的主要传染源是该病慢性患者和病毒携带者，整个病程中均具有传染性，传染性的大小与病毒复制指标是否阳性有关。

2. 传播途径

（1）甲型肝炎主要经粪口途径传播，如接触被病毒污染的食物、水源、用具。

（2）乙型肝炎主要经体液传播，如输血、注射、手术等有创医疗操作，性接触和蚊虫叮咬，密切生活接触及垂直传播。

3. 易感性

甲型肝炎患者，初次感染后一般可获得终生免疫力，6个月以下的婴儿由于先天的抗体而对甲型肝炎不易感，但6个月后随着血中甲型肝炎抗体逐渐消失而成为易感者，随着年龄的增长，易感性随之下降，所以甲型肝炎的发病率也随着年龄的增长而下降。未感染乙型肝炎病毒者对乙型肝炎病毒普遍易感，被感染乙型肝炎病毒未治疗者多数成为慢性或者潜伏性感染者。两类肝炎病毒之间没有交叉免疫，故可重复感染。

4. 流行特征

肝炎发病率无明显季节规律及地域规律，多以散发为主。但当水和食物受到甲肝病毒污染时，可导致甲肝暴发流行。

(二)主要表现

1. 甲型肝炎

甲型肝炎感染者大多呈隐性感染,若呈急性发病可分为黄疸前期、黄疸期和恢复期,总病程2~4个月。

黄疸前期:主要表现为发热,畏寒,乏力,食欲减退,有恶心、呕吐、腹痛、腹泻等消化道症状,还可出现不同程度肝区疼痛,小便颜色较往常明显加深,到本期末呈浓茶色,一般持续1~21 d,平均1周。

黄疸期:上述症状有所好转,体温逐渐恢复,全身开始出现不同程度黄疸,如皮肤变黄,巩膜出现黄染,约两周内达到高峰,可伴大便颜色变浅,本期持续2~6周。

恢复期:症状及相关体征逐渐减轻至消失,本期持续2周到4个月。

2. 急性乙型肝炎

急性乙型肝炎起病较慢,临床症状及体征与甲型肝炎相似,其中部分病例可转变为慢性肝炎。

3. 慢性乙型肝炎

乙型肝炎病毒感染后容易形成慢性肝炎,其主要表现有肝区不适压痛,蜘蛛痣,进行性脾肿大,肝功能持续异常等,继续迁徙演变则可出现肝硬化的临床表现。

(三)治疗及预防

1. 治疗措施

肝炎的治疗主要包括一般治疗和抗病毒治疗,其中急性肝炎主要以一般治疗为主,保证充足的休息,适当的营养,避免饮酒、劳累和服用损伤肝脏的药物,对出现的相关症状给予对症处理。而慢性肝炎除一般的对症支持治疗外,还必须予以有效的抗病毒治疗。

2. 预防措施

我国病毒性肝炎流行广泛,感染者多,防治病毒性肝炎关系着千家万户的利益,所以在日常生活中一定要做好切实可行的防护措施。

(1)控制传染源。对感染者采取隔离措施,根据各型病毒性肝炎的传染期而定,慢性乙型肝炎则应按病毒携带者管理,检查各项传染性指标,阳性者应禁止献血及从事托幼工作。

(2)切断传染途径。甲型肝炎的预防重点是要搞好卫生,保护水源,加强食品卫生管理,做好个人卫生和粪便管理等。乙型肝炎的重点是预防通过血液或体液传播,对献血和输血的每一个环节进行监控，提倡使用一次性注射用具和针灸针，重复使用的器械必须严格消毒，洗漱用品要专用，接触病人后及时洗手。

(3)保护易感人群。主要是肝炎疫苗的接种，注射三次后保护率约为80%。

六、伤寒

伤寒是一种由伤寒杆菌引起的急性肠道传染病，属于乙类传染病。

(一)流行病学特征

1. 传染源

该病患者和带菌者均可成为传染源。部分患者病程可持续3个月以上，称为慢性带菌者，是伤寒传播和流行的主要传染源。

2. 传播途径

主要经粪口途径传播，苍蝇、蟑螂也是传播媒介。多以散发为主，若水和食物污染则可造成暴发流行。

3. 易感性

人群普遍易感，初次感染治愈后一般可获得终生免疫。

4. 流行特征

常年均可发病，以夏秋季多见。

(二)主要表现

伤寒的潜伏期为7~23 d，多数为10~14 d，典型的伤寒自然病程可分为4期，具体如下。

1. 初期

发病第一周，发热为其首发症状，常伴有食欲减退，咽痛，体温逐渐上升，5~7 d内体温可达39~40℃。

2. 极期

发病后2~3周，表现为持续高热，呈稽留热型，伴有食欲不振、腹胀、腹泻等消化道症状，以及反应迟钝等神经系统症状。查体可发现肝脾肿大，全身皮肤出现不同程度淡红色斑丘疹，即玫瑰疹。

3.缓解期

发病后3~4周，上述症状逐渐减轻。

4.恢复期

发病后第5周，体温恢复正常，上述症状消失。

（三）治疗及预防

1.治疗

以一般治疗及抗菌治疗为主，药物首选喹诺酮类抗生素，但因其影响骨骼发育，孕妇、儿童及哺乳期妇女慎用，可使用第二、三代头孢菌素。另结合一般对症支持治疗，采用物理降温，营养饮食，注意休息等。

2.预防

伤寒作为一种传染性疾病，具体预防方法有以下几个方面。①管理传染源。患者体温正常后15 d或每隔5 d做一次粪便培养，连续两次阴性方可解除隔离。患者的排泄物、生活用品及用具等必须严格消毒处理。②切断传播途径。此项为预防本病的关键措施，做好卫生宣传工作，养成良好的卫生饮食习惯，坚持饭前便后洗手，不饮生水，不食不洁食物。③保护易感人群。提高人群免疫力，对易感人群进行预防接种。

七、细菌性痢疾

细菌性痢疾是由痢疾杆菌等革兰氏阴性杆菌引起的急性肠道传染病。

（一）流行病学特征

1.传染源

痢疾患者及带菌者是主要传染源。

2.传播途径

主要经粪口途径传播。

3.易感性

人群普遍易感，病后免疫力短暂且不稳定，各菌群之间无交叉免疫，所以容易复发和重复感染。

4. 流行特征

本病发病率高,全年均可发病,但以夏秋季多发,儿童发病率最高。

(二)主要表现

1. 急性菌痢

(1)普通型。起病急,以高热、寒战为首发症状,继而出现腹痛腹泻,呈里急后重,大便每日十余次至数十次不等,随病情发展可出现黏液脓血便,查体可有左下腹压痛,肠鸣音亢进,经治疗可在一周左右逐渐恢复、痊愈。但有部分患者症状不典型,全身症状轻,仅出现大便次数增多,并伴有黏液,但无明显脓血。

(2)中毒性。此型多发生于儿童,起病急,其消化道症状轻,主要表现为高热,伴全身严重的毒血症症状,甚至出现休克及中毒性脑病。毒性根据临床表现不同又分为休克型、脑型和混合型,其中以混合型最为凶险,病死率很高。

2. 慢性菌痢

急性菌痢病程超过两个月未愈,则称为慢性菌痢,包括慢性迁延型、急性发作型和慢性隐匿型。主要表现为长期反复出现腹痛腹泻,黏液便及脓血便,伴乏力、营养不良、贫血等,大便培养痢疾杆菌呈阳性。

(三)治疗及预防

1. 治疗

包括一般支持治疗和抗菌治疗,抗生素的选择可根据细菌培养结果选取敏感抗生素,另外注意休息,营养饮食,对一些并发症进行对症处理。

2. 预防

菌痢的预防应以切断传播途径为主,注意卫生,同时做好传染源管理和保护易感人群等综合性措施。①管理传染源。病人要及时隔离,彻底治疗,粪便培养2次阴性才可解除隔离。②切断传播途径。此为预防措施的主要环节,要严格做好饮食饮水及环境卫生。③保护易感人群。可口服痢疾活菌苗,其免疫力维持时间可达数月。

第四节 大学生性传播疾病及预防

性传播疾病简称性病，是一类可通过性接触而传播的疾病，性传播疾病目前共有20余种，其中梅毒、淋病、软下疳、性病性淋巴肉芽肿和腹股沟肉芽肿，称为经典性病，除此之外还包括非淋菌性尿道炎、艾滋病、尖锐湿疣、生殖器疱疹、滴虫病、细菌性阴道炎、乙型肝炎等。

引起性传播疾病的病原体种类繁多，包括细菌、病毒、衣原体、支原体、真菌、螺旋体等。感染病后可于生殖器附近出现疱疹、硬结、溃疡和疣状物等，并出现排尿困难、疼痛等症状，尿道有烧灼感，女性还可出现白带增多伴有异味。

性传播疾病的传播途径主要有以下几个方面：①性接触传播：性接触是所有性传播疾病最主要的传播途径；②间接接触传播：通过沾染生殖器分泌物的各种用具传播；③垂直传播：胎儿出生前后或出生过程中因密切接触而导致感染；④血行传播：通过输入被污染的血液或使用被污染的注射器而导致感染。

性传播疾病不仅会造成身体严重损伤，更会影响感染者甚至其家人的心理健康，因此我们要高度重视性传播疾病的防治，且以预防为主，治疗为辅。首先要保护易感人群，大力宣传性传播疾病的危害，掌握必要的保健知识，做好个人防护，自觉遵守社会道德行为规范，反对不正当的性行为；其次要切断传染途径，防止不洁性行为是。

一、淋病

淋病是当前患病率最高的性传播疾病，是由淋球菌引起的泌尿生殖系统传染病，任何年龄段均易感，目前临床上淋病患者主要为性生活比较活跃的青年人。

1.病原体

淋球菌是引起淋病的病原体，属于革兰氏阴性球菌，该菌最适宜的温度为35~36℃，含2.5%~5%的二氧化碳的环境有助其生长，对外界理化条件的抵抗力差，在干燥环境中1~2 h即可死亡，在高温或低温条件下抑制时，对各种化学消毒剂的抵抗力也很弱。

2. 传播途径

（1）性交传播。人是淋球菌唯一的天然宿主，疾病患者是传染源，性接触是主要传播方式，调查表明男性更易传染给女性，此外感染率还与性交次数成正比。

（2）非性接触传播。通过沾染感染者生殖器分泌物的各种用具传播，而女性因其尿道和生殖道短而极易被感染。

（3）垂直传播。产妇患有淋病时，胎儿在出生前后或出生过程中因密切接触而导致感染。

3. 主要表现

淋病的潜伏期一般为2~10 d，平均为3~5 d。男性主要表现为急性尿道炎，初期为尿道口红肿、发痒及轻微刺痛，继而有稀薄的黏液流出，甚至出现由于肿胀导致的排尿困难，24 h后症状加剧，红肿发展到整个阴茎头及部分尿道，尿道黏液性分泌物增多，冲出尿道口。感染数日后，淋球菌侵及整个前尿道，同时可伴有腹股沟淋巴结炎。若未进行干预，病变继续上行蔓延至后尿道，引起急性前列腺炎、精囊炎、附睾炎等，严重者可伴有全身寒战、发热、头痛、食欲不振等症状。

女性主要表现为急性尿道炎、阴道炎或宫颈炎，外阴红肿、糜烂，尿道口红肿，有浆液或脓液分泌物，尿频、尿急、尿痛、排尿困难甚至血尿，另外还有子宫颈口糜烂，白带有血伴恶臭气味，此外还可出现发烧、恶心、呕吐、食欲不振、下腹痛、腰痛等全身症状，严重者可引起输卵管卵巢脓肿、化脓性腹膜炎等。

4. 治疗与预防

淋病一旦确诊，应立即采用抗生素，一般首选头孢类抗生素，其对淋球菌最敏感。同时性伴侣也需进行检查和治疗，未治愈前禁止性生活，注意休息，注意阴部局部卫生。治愈标准：症状和体征全部消失，治疗结束后4~7 d检查淋球菌阴性。最后，要有效预防淋病的感染及传播，需加强健康教育，避免婚前性行为，提倡安全性行为，推广使用安全套，注意隔离消毒，防止交叉感染，对高危人群定期检查。

二、尖锐湿疣

尖锐湿疣是由人乳头瘤病毒引起的，发病率仅次于淋病。

1. 病原体

人乳头瘤病毒属于DNA病毒，病毒在上皮细胞内生长，喜温暖潮湿的环境，因此泌尿生殖器和肛门等都是尖锐湿疣的好发部位，它还会导致生殖器、会阴、肛门等皮肤黏膜交界部位的表皮样瘤增生。

2. 传播途径

(1)性交传播。与患有尖锐湿疣的人发生性接触后，约有2/3的新伴侣会受到感染，多发于20~30岁的年轻人。

(2)非性接触传播。通过沾染病原体的各种用具传播，如被污染的浴巾、内裤、浴盆等。

(3)垂直传播。孕妇患有尖锐湿疣，可通过胎盘、血液、分娩，或出生后密切接触等传染给胎儿或婴儿。

3. 主要表现

尖锐湿疣的潜伏期较长，可为3周到8个月，通常为3个月左右，临床表现也多种多样，常在皮肤黏膜部位出现多发性乳头瘤样或疣状损害，主要在外生殖器及其周围出现典型的疣状丘疹。男性尖锐湿疣常位于冠状沟、包皮、阴茎头、系带及尿道口，有时可见于阴茎体及其周围皮肤，同性恋者可发生在肛门和直肠。女性则发生于大小阴唇、阴蒂、阴道前庭、阴道、宫颈，偶发于腋下、腹股沟、乳房等潮湿部位，也可出现在口腔黏膜处。发病初期为少量微小淡红色丘疹，逐渐增大增多，融合形成乳头状、菜花状或鸡冠状增生物，表面呈皮肤色、粉红色或灰色，自觉有痒感，偶有糜烂、渗液，散发恶臭，常因瘙痒而引起继发细菌感染。

人乳头瘤病毒与某些恶性肿瘤有一定联系，外阴阴茎或肛周的尖锐湿疣经5~40年的时间可转化为鳞状细胞癌，应予以重视。

4. 治疗及预防

尖锐湿疣的治疗是多方面的，包括外用药物治疗、物理治疗和内用药物治疗，一般预后良好但易复发。(1)外用药物治疗。足叶草毒素酊、三氯醋酸溶液、氟尿嘧啶软膏外用。其中足叶草毒素酊为细胞毒药物，有致畸作用，孕妇禁用。后两种有腐蚀性，应注意保护正常组织。(2)物理治疗。如激光、电灼、微波、冷冻等，对于巨大的疣体可选用手术切除。(3)内用药物治疗。可配合使用干扰素或其他提高免疫力的药物。

要有效预防尖锐湿疣的感染及传播，需加强健康教育，避免婚前性行为，提倡安全性行为，推广使用安全套，注意个人卫生，注意隔离消毒，防止交叉感染，提倡淋浴，公共场所尽量使用蹲式马桶，如厕后用肥皂洗手。

三、非淋菌性尿道炎

非淋菌性尿道炎是指由淋球菌以外的其他病原体，主要是沙眼衣原体和支原体等引起的一种性传播疾病。在我国仅次于淋病和尖锐湿疣，居第三位。

1. 病原体

非淋菌性尿道炎主要由沙眼衣原体引起，占总患病率的40%~50%，由解脲支原体引起的占20%~30%。沙眼衣原体有15个亚型，其中部分亚型可引起非淋菌性尿道炎，是严格的细胞内寄生性微生物，对理化因素十分敏感，在56~60 ℃下5~10 min即死亡，甲醛、苯酚等可在短期内将其杀死，对肥皂、酒精、四环素、红霉素等也敏感。支原体没有细胞壁，对通过干扰细胞壁达到杀菌或抑菌的抗生素如青霉素有耐药性，但对热的抵抗力差，55 ℃经5~15 min即可杀灭，苯酚等也易将其杀死。

2. 传播途径

性交传播为其主要传播方式，产妇也可通过产道传播给新生儿。

3. 主要表现

潜伏期一般为1~3周，主要侵犯泌尿生殖系统。

与淋菌性尿道炎的症状及体征类似，但症状较其更轻，甚至部分感染者无明显症状。

4. 治疗及预防

沙眼衣原体、支原体对阿奇霉素、多西环素、喹诺酮类药物敏感，一旦确诊，及时、足量、规律地用药。同时性伴侣也需进行检查和治疗，未治愈前禁止性生活，注意休息，注意阴部局部卫生。最后，要有效预防淋病的感染及传播，需加强健康教育，避免婚前性行为，提倡安全性行为，推广使用安全套，注意隔离消毒，防止交叉感染。

四、梅毒

梅毒是由梅毒螺旋体引起的慢性系统性性传播疾病。早期主要侵犯皮肤和黏膜，晚期可侵犯全身许多脏器，特别是心脏和中枢神经系统。临床上可分为一期梅毒、二期梅毒、三期梅毒、潜伏梅毒和先天梅毒等。

1. 病原体

梅毒的病原体是一种厌氧螺旋体，它是一种小而纤细的、呈螺旋状的微生物，很难在自然界和体外生存，但在体内活动性强，可长期生存并繁殖。

梅毒螺旋体在高温、干燥或阳光照射下会迅速死亡，60℃时仅数分钟可丧失感染力，至100℃时立即死亡，但其对低温有较强的耐受力，在−78℃可保存数年仍具传染力，在潮湿环境下可存活数小时。对青霉素、四环素敏感，一般的消毒剂（苯酚、新洁尔灭、酒精等）和热肥皂水可在短时间内使其迅速死亡。

2. 传播途径

梅毒早期传染性最强，随着病期的迁延，传染性越来越小。(1)性接触传播为其主要传播方式，占95%以上。(2)血液传播和密切接触传播。早期梅毒患者血液中含有大量梅毒螺旋体，很容易通过输血传染给他人。接吻等密切接触亦可成为传播方式，接触被污染的毛巾、被褥、坐便器等均可感染。(3)垂直传播。患有梅毒的孕妇可通过胎盘传染给胎儿，引起胎儿宫内感染，可导致流产、早产、死胎或分娩胎传梅毒儿，孕妇即使患有无症状的隐性梅毒，也具有传染性。

3. 主要表现

梅毒的临床表现较为复杂，主要分为以下几类。

(1)获得性显性梅毒。①一期梅毒。标志性特征是硬下疳。好发部位为阴茎、阴茎头、冠状沟、包皮、尿道口、阴唇、阴蒂、宫颈、肛门、肛管等，也可见于唇、舌、乳房等。②二期梅毒。梅毒进入二期，梅毒血清学试验几乎100%阳性，以梅毒疹为特征。出现发热、头痛、骨关节酸痛、肝脾肿大、淋巴结肿大等症状和体征，3~5 d后好转，接着出现梅毒疹，并反复发生。③三期梅毒。早期梅毒未经治疗或治疗不彻底，部分患者将进入三期梅毒。皮肤黏膜损害：主要特征是结节性梅毒疹和梅毒性树胶肿。近关节结节：是梅毒性纤维瘤缓慢生长的皮下纤维结节，质硬、大小不等、不活动、表皮正常、无痛，可自行消退。心血管梅毒：主要侵犯主动脉弓，可发生主动脉瓣闭锁不全，引起梅毒性心脏病。神经梅毒：梅毒性脑膜炎、脑血管梅毒、脑膜树胶样肿、麻痹性痴呆。

(2)获得性隐性梅毒。后天感染梅毒螺旋体后未形成显性梅毒而呈无症状，或显性梅毒经一定的活动期后症状暂时消退，梅毒血清试验阳性，脑脊液检查正常，则称为获得性隐性梅毒。

(3)先天性显性梅毒。①早期先天梅毒：通常为早产儿，营养障碍，发育差，出生时即瘦小，出生后三周可出现症状，全身淋巴结肿大。多在出生1~2个月内发生梅毒性鼻炎，严重者可导致鼻中隔穿孔、鼻梁坍塌，形成马鞍鼻。也可出现皮肤损害，呈水疱-大疱性皮损或斑丘疹、丘疹鳞屑性损害。骨梅毒比较常见，可发生骨软骨炎、骨膜炎。伴有肝脾肿大，血小板减少和贫血，也可发生神经梅毒。②晚期先天梅毒：发生在两岁以后。一类是早期病变所致的骨、齿、神经及皮肤的永久性损害，如马鞍鼻等。另一类是仍具有活动性的损害所致的临床表现，如角膜炎、神经性耳聋、神经系统表现异常、骨膜炎、皮肤黏膜损害等。

4. 治疗及预防

早诊断、早治疗、剂量足、疗程规则。药物首选青霉素，头孢曲松钠可作为青霉素过敏者优先选择的替代药物。梅毒治疗过程中要防止吉-海反应,吉-海反应是梅毒患者接受高效抗梅毒螺旋体药物治疗后,梅毒螺旋体被迅速杀死并释放大量的异种蛋白,引起机体发生的一系列症状,如发热、寒战、头痛、心动过速、关节痛、恶心呕吐及原发疾病加重等。必要时可使用激素预防吉-海反应。

同样,梅毒作为一种性传播疾病,它的预防尤其重要,主要措施有:①加强健康宣传和教育,杜绝不洁性行为;②注意个人清洁卫生,内裤、毛巾等生活用品单独清洗,不与他人同盆而浴;③如需献血,要去正规的采血点,避免血液传播;④对可疑病人均应进行预防性检查,以便早期发现患者并及时治疗;⑤梅毒患者在未治愈前禁止性行为;⑥追踪患者的性伴侣,进行预防检查。

五、艾滋病

艾滋病是由人类免疫缺陷病毒(HIV)引起的一种性传播疾病,又称为获得性免疫缺陷综合征。艾滋病在全世界范围流行,其传播速度快、病死率高,且目前尚无有效的治疗治愈方法,引起了世界各国政府的高度关注,艾滋病已被《中华人民共和国传染病防治法》列为乙类法定传染病,并被列为国境卫生监测传染病之一。

1.病原体

HIV在人体内适宜生存,对理化因素的抵抗力低,对热敏感,大多数消毒剂均可灭活HIV,如乙醇、戊二醛等,但紫外线不能灭活HIV。它把人体免疫系统中最重要的T淋巴细胞作为主要攻击目标,大量破坏该细胞,使机体细胞免疫功能部分或完全丧失,HIV感染者要经过数年甚至长达10年或更长的潜伏期后才会发展成艾滋病病人,因机体抵抗力极度下降而出现多种严重感染,后期常发生恶性肿瘤,致全身衰竭而死亡,病死率较高。

2.传播途径

艾滋病毒感染者的血液、精液、阴道分泌物、皮肤黏膜破损或溃疡的渗出液、乳汁里都含有大量艾滋病病毒,具有很强的传染性,唾液、泪水、汗水和尿液中也能发现病毒,但含病毒量很少,传染性不大。

艾滋病传染途径主要有三条,核心是性接触传播和血液传播,也可垂直传播,一般的日常接触并不能传染艾滋病,所以艾滋病患者在生活当中不应受到歧视,如共同进餐、握手都不会传染艾滋病。

3. 主要表现

艾滋病发病以青壮年较多，发病年龄多在18~45岁，即性生活较活跃的年龄段，HIV从感染发展到艾滋病，可大致分为急性HIV感染、无症状HIV感染和艾滋病三个阶段。

（1）急性HIV感染。常出现在感染HIV两周左右，表现类似上呼吸道感染，可有乏力、咽痛、发热等，少数患者可出现头痛、脑膜脑炎、急性多发性神经炎等，可伴有淋巴结肿大及肝脾肿大，上述症状多在一个月内消失。

（2）无症状HIV感染。可由原发的HIV感染或急性HIV感染症状消失后延伸而来，时间从数月至数年或更长，临床上可没有任何表现，部分患者可出现持续淋巴结肿大并维持相当长的时间。

（3）艾滋病。患者可有发热、腹泻、体重下降、全身淋巴结肿大，通常合并有各种机会性感染和肿瘤，如白色念珠菌感染、疱疹病毒感染、肺结核、巨细胞病毒感染、卡氏肺囊虫肺炎、卡波西肉瘤、淋巴瘤等，部分中青年可出现痴呆。卡氏肺囊虫肺炎是大多数艾滋病患者死亡的直接原因。

4. 治疗及预防

本病目前在全世界范围内尚无特效疗法，主要采取抗病毒、免疫调节、控制机会性感染的综合疗法，治疗的主要目标是最大限度和持久地降低病毒载量，获得免疫功能重建和维持免疫功能，降低HIV相关的发病率和病死率，提高生存生活质量。目前尚无预防艾滋病的有效疫苗，最重要的是采取预防措施，主要有以下几个方面：①加强宣传教育，普及艾滋病的知识。②严禁吸毒，不与他人共用注射器。③确保安全的血液供应，不要擅自输血和使用血制品。④不要借用或共用牙刷、剃须刀等个人用品。⑤使用安全套是性生活中最有效的预防艾滋病的措施之一。⑥要避免直接与艾滋病患者的血液、精液、乳液和尿液接触，切断其传播途径。⑦坚持洁身自爱，不卖淫嫖娼，避免婚前婚外性行为。

第五节
大学生生活方式与健康

生活方式是指人们长期受一定社会、文化、经济、风俗、家庭影响而形成的一系列生活习惯、生活制度和生活意识,包括衣食住行、劳作、娱乐、社交及人生观、道德观、价值观、审美观等物质生活与精神生活。随着社会的发展,人们的生活、学习、工作负担越来越大,有一个健康、规律的生活方式显得尤其重要。

一、营养

(一)营养素

营养是指人体不断从外界摄取食物,经过消化、吸收、代谢和利用其中人体所需要的养分来维持生命活动的生理过程。其中这种养分被称为营养素,是维持生命的基础,大致可分为糖类、蛋白质、脂类、矿物质、维生素、膳食纤维和水七大类,其中可为机体提供能量的营养素只有糖类、脂类和蛋白质。

1.糖类

糖类是人类主要的能源物质,根据分子结构可分为葡萄糖、果糖、蔗糖、麦芽糖、乳糖、淀粉等,其主要功能如下。

(1)为机体提供生命活动所需的能量。成年人每日所需的总能量为3000~3500 kcal,其中糖类供给的能量占摄入总能量的60%~70%,而糖类在自然界分布广泛,是人体最主要的能量来源。

(2)构成一些重要的生理物质。糖类是构成一些重要生理物质的必要成分,如细胞膜的糖蛋白、传递遗传信息的脱氧核糖核酸(DNA)。

(3)调节脂肪代谢,抑制酮体生成。当人体摄入糖类不足或利用糖类出现障碍时,脂类成为主要功能物质,脂类氧化不完全时产生酮体,血液中酮体浓度过高会发生酸中毒,引起酸性昏迷。

（4）减少蛋白质的消耗。糖类作为主要能源来源，当其充足时，可避免消耗蛋白质供能。

（5）保护肝脏，提高解毒功能。肝内糖原的储备量直接影响肝细胞对某些有毒化学物质和致病微生物所产生的毒素的解毒功能，当糖类摄入充足时，肝内糖原的储备也随之增加。

（6）其他。有些功能性低聚糖可调节肠道微生物群的结构和功能，增强人体免疫力。

2. 蛋白质

蛋白质是组成人体一切细胞、组织的重要成分。一般来说，蛋白质约占人体全部质量的18%。蛋白质是生命的物质基础，是生命活动的主要承担者。氨基酸是蛋白质的基本组成单位，20多种氨基酸按不同的比例组合，形成性质功能各异的蛋白质，调节机体正常的生理功能，保证机体的生长、发育、繁殖、遗传及修复，其中有8种氨基酸是人体不能合成的，必须通过食物摄取，称为必需氨基酸，包括甲硫氨酸、赖氨酸、亮氨酸、异亮氨酸、苯丙氨酸、缬氨酸、苏氨酸和色氨酸。蛋白质的主要功能如下。

（1）构成机体和修复人体组织。人体的每个细胞、每个组织中都含有蛋白质。

（2）帮助各种物质在机体内转运。载体蛋白是维持机体正常的新陈代谢和各类物质在体内输送的重要介质，对维持人体的正常生命活动至关重要。如血红蛋白输送氧，脂蛋白输送脂肪等。

（3）维持体内渗透压平衡。白蛋白是维持体内渗透压平衡的重要物质，保证细胞内液、细胞外液与组织液间的平衡。

（4）构成免疫屏障。抗体是免疫系统内发挥免疫作用不可或缺的一员，是一种由效应B细胞分泌的免疫球蛋白，被免疫系统用来鉴别与中和外来物质如细菌、病毒等的大型Y形蛋白质，起到保护机体、防御外界侵害的作用。

（5）构成各种酶和激素的主要原料。人体内各种酶和激素的主要组成均为蛋白质，它们是人体实现催化和调节功能的重要物质。

（6）维持神经系统的正常功能。蛋白质是构成神经递质乙酰胆碱等的重要原料，在维持神经系统的正常功能中起着重要作用。

（7）主要能源物质。为生命活动提供能量。

3. 脂类

脂类包括脂肪和类脂两类，脂肪又称中性脂肪，是由一分子甘油和三分子脂肪酸组成的甘油三酯；类脂主要指磷脂、糖脂、胆固醇、脂蛋白等，占脂类的5%，与脂肪的化学组成不同，但理化性质相似。亚油酸和α-亚麻酸在人体内不能合成，称为必需脂肪酸。脂类的主要生理功能如下。

（1）供给储存能量。一般情况下脂肪可提供人体所需总能量的20%~30%。人体内除红细胞和某些中枢细胞外，其他细胞均可自己利用脂肪酸作为能源。若人体能量过剩，最终将转化为脂类在人体内进行储存。

（2）构成一些重要的生理物质，维持细胞正常结构和生理功能。

生物膜的基本骨架主要由磷脂构成，同时胆固醇是雄激素、雌激素、肾上腺皮质激素等类固醇激素及维生素D_3的合成原料，另外有些脂类还可以作为酶的辅助因子或激活剂，可以传递细胞内信号。皮下脂肪层是人体重要保温层，可维持机体正常体温；皮下及肠系膜脂肪在机体受到外力作用时能发挥缓冲作用，保护内脏；皮脂腺分泌的油脂可以保护毛发和皮肤，防止水分丢失。同时脂类中的必要脂肪酸，能促进脂溶性维生素的消化吸收和转运，还可增加食物的美味和饱腹感。

4. 矿物质

矿物质又称无机盐，是人体内无机物的总称，是构成机体和维持机体正常生命活动的重要物质。根据其在人体内的含量可分为常量元素和微量元素。常量元素是指人体内含量大于体重0.01%或者膳食摄入量大于100 mg/d的元素，包括钙、磷、镁、钾、钠、硫、氯。含量小于体重0.01%或者膳食摄入量小于100 mg/d的元素称为微量元素，人体必需的8种微量元素包括铁、锌、铜、钴、钼、硒、碘、铬，另外锰、硅、镍、钒、氟等目前也被认为是人体可能必需的微量元素。

矿物质是构成骨骼、牙齿等硬组织的主要原料，是维持体内水分分布、体液酸碱平衡、神经肌肉正常兴奋性的必要物质，是一些酶的组成成分和激活剂。人体每天矿物质的摄取量是基本确定的，并不是越多越好，但随年龄、性别、身体状况、环境等因素会有所不同，只有维持正常水平，才能发挥其生理功能，少则可能出现缺乏症状，多则可能出现中毒症状。

5. 维生素

维生素是一类维持机体正常生理功能及细胞内特异代谢反应所必需的微量低分子有机化合物，可分为脂溶性维生素和水溶性维生素两大类。脂溶性维生素溶于脂肪和有机溶剂，包括维生素A、维生素D、维生素E、维生素K等；水溶性维生素溶于水，包括维生素C和B族维生素。除少量B族维生素可在体内合成外，其余维生素必须从食物中摄取。

（1）维生素A和胡萝卜素。胡萝卜素主要来源于各种黄、绿色蔬菜，可在体内转变为维生素A，又被称为维生素A原。维生素A也被称为抗干眼病维生素，其主要作用是维持皮肤黏膜完整性，合成视紫红质，维持良好的暗光视觉，防治夜盲症，还可在一定程度上促进人体生长发育，增强抵抗力。

（2）维生素D。维生素D也称为抗佝偻病维生素，除了从食物中摄取外，还可以通过阳光照射皮肤后在体内自然产生，主要用于增加钙、磷在体内的吸收，促进骨骼牙齿的正常发育。

（3）维生素E。维生素E是高效的抗氧化剂，具有保护心脏血管，延缓衰老，抗癌和加速伤口愈合的作用。

（4）维生素K。维生素K的主要作用是促进凝血酶原的合成和血液凝固。

（5）维生素B_{12}。维生素B_{12}是维生素中唯一含有金属元素的物质，其主要功能是参与核酸和蛋白质的合成，提高叶酸利用率，促进红细胞的发育和成熟，维持神经髓鞘的代谢及功能。

（6）维生素C。维生素C主要参与体内多种氧化还原反应，参加细胞间黏合物质的形成，具有预防动脉硬化，提高机体免疫力，促进伤口愈合等作用，另外维生素C还可减轻砷、汞等对肝脏的毒害。

6.膳食纤维

膳食纤维主要存在于植物的细胞壁中，包括纤维素、半纤维素、树脂、果胶及木质素等，其主要作用如下。

（1）增强肠道蠕动。膳食纤维可加速排便，同时水溶性膳食纤维可以增加粪便的含水量，使其变软，易于排出。

（2）控制体重。膳食纤维可减缓食物胃排空的速度，另外膳食纤维吸水后体积增大，能够增加饱腹感。

（3）降低胆固醇含量。膳食纤维可抑制胆固醇吸收，并加快其代谢，降低血液中胆固醇含量，能够有效预防心血管疾病。

（4）预防糖尿病。膳食纤维能延长食物胃排空的时间，减慢机体对葡萄糖的吸收，使餐后血糖值不会急剧上升，同时降低机体对胰岛素的需求。

7.水

水是人体最重要的组成部分，组织、器官、体液中都含有水，正常成年人体内含水量达体重的70%，每日需水量2500 mL。水的主要生理功能如下。

（1）水是细胞的重要组分。

（2）水在体内起溶解媒介的作用，可溶解多种电解质等。

（3）水在体内起运输作用，可以传递营养作用、代谢废物和激素等。

（4）水有良好的导热性及较高的比热容，可有效调节人体体温。

(二)各类主要食物中的营养价值

1. 谷类

谷类是人体能量的主要来源,包括大米、小麦、玉米、高粱、荞麦等。谷类中碳水化合物含量最丰富,一般以淀粉的形式集中在胚乳中,以支链淀粉为主,含量多大于70%。谷类中蛋白质含量一般为7%~12%,由于谷类蛋白质氨基酸组成中赖氨酸含量较低,所以谷类蛋白质生物学价值不及动物蛋白质。谷类中脂肪含量较少,一般为0.4%~7.2%,但主要为不饱和脂肪酸,如由玉米和小麦胚芽提取的胚芽油中,80%为不饱和脂肪酸,其中亚油酸占60%。谷类食物还可以提供维生素和矿物质,其主要分布在谷皮和糊粉层中。谷类中维生素以B族维生素为主,其中维生素B_1及烟酸含量较多,玉米和小麦中含有较多的胡萝卜素。谷类食物中含矿物质1.5%~3%,包括钙、磷、钾、钠、镁及一些微量元素,荞麦、高粱、小米中含铁量较高。

2. 豆类

豆类可分为大豆类及其他豆类,大豆类按其颜色可分为黄、青、黑、褐及双色大豆5种,其他豆类包括蚕豆、豌豆、绿豆等。豆类蛋白质含量较高,为20%~36%,其中大豆类最高,在30%以上,且蛋白质属完全蛋白,含人体需要的所有氨基酸,但与谷类一样蛋氨酸含量较少。豆类中大豆类脂肪含量在15%以上,其他豆类含量较低,在1%左右,脂肪组成以不饱和脂肪酸居多,其中油酸占32%~36%,亚油酸占51.7%~57%,亚麻酸占2%~10%,还含有1.64%左右的磷脂。大豆类含碳水化合物34%左右,且多为纤维素和可溶性糖,在体内不易消化,有些在大肠内形成细菌的营养素来源,细菌在肠道内生长繁殖产生过多的气体,可引起肠胀气,其他豆类含碳水化合物在55%以上,且主要以淀粉类形式存在。豆类含有胡萝卜素、维生素B_1、维生素B_2、烟酸,所含矿物质包括钾、钠、钙、镁、铁、锌、硒等,含量均在2%~4%。

3. 蔬菜

蔬菜根据食用部分可分为根菜类、茎菜类、叶菜类、花菜类、果菜类。

蔬菜的营养物质主要包含矿物质、维生素和膳食纤维。

(1)根菜类。以肥大的根部作为食用部分的蔬菜,如萝卜、胡萝卜、甘薯等。(2)茎菜类。以肥大的茎部作为食用部分的蔬菜,如茭白、莴笋等。(3)叶菜类。以鲜嫩叶片及叶柄作为食用部分的蔬菜,如小白菜、芹菜、大葱、韭菜等。(4)花菜类。以花作为食用部分的蔬菜,如花椰菜、芥蓝等。(5)果菜类。以果实及种子作为食用部分的蔬菜,如南瓜、黄瓜、番茄、辣椒、茄子、豇豆、甜玉米等。

4. 水果类

水果，是指多汁且主要味觉为甜味和酸味的可食用植物果实，含有丰富的维生素、矿物质及膳食纤维，为人体提供所需的营养素，促进消化。猕猴桃、鲜枣、草莓、枇杷、橙子、橘子、柿子等含有丰富的维生素C；山楂、西瓜、梨、菠萝等可降血压；枣中铁元素含量较高。

干果是由新鲜水果加工晒干形成，与鲜果相比维生素损失较多，矿物质与鲜果含量差别不大。

5. 坚果类

坚果类包括油脂类坚果和淀粉类坚果。油脂类坚果指核桃、杏仁、松子、腰果等富含油脂的坚果；淀粉类坚果指淀粉含量高而脂肪较少的坚果，如莲子等。坚果中蛋白质含量多在12%~22%之间，脂肪含量较多在40%左右，且多为不饱和脂肪酸，富含必需脂肪酸，是优质的植物脂肪。坚果类还是维生素E和B族维生素的良好来源，同时也富含多种矿物质。

6. 肉类

肉类是指动物的皮下组织、肌肉、内脏及其制品，其食用价值高，富含大量的蛋白质和脂肪，主要包括畜类、禽类、鱼类、甲壳和软体动物类。

（1）畜禽类。提供畜肉的家畜主要是猪、牛和羊，提供禽肉的家禽主要是鸡、鸭、鹅。畜禽肉中蛋白质含量丰富，一般为10%~20%，且含有较多的赖氨酸，与谷物类配合食用可发挥蛋白质互补作用。畜肉的脂肪和胆固醇含量较高，且脂肪以饱和脂肪酸为主，禽肉的脂肪中含不饱和脂肪酸较多。畜禽肉碳水化合物含量较少，且主要以糖原形式存在于肌肉和肝脏中。畜禽肉可提供多种维生素，以B族维生素和维生素A为主，内脏中含量比肌肉中多，特别是肝脏，禽肉还含有较多的维生素E。畜禽肉中矿物质的含量：瘦肉高于肥肉，内脏高于瘦肉。铁以血红素形式存在于畜禽肉中，以猪肝与鸭肝中最为丰富，消化吸收率高。此外，畜禽肉中还含有丰富的矿物质，其中钙含量虽不高，但吸收利用率较高。

（2）鱼类。鱼类可分为淡水鱼和海水鱼，是蛋白质、矿物质和维生素的良好来源。鱼肉中蛋白质含量为15%~22%，且氨基酸组成较平衡，与人体需求相近，利用率高，还含有较多的游离氨基酸、嘌呤类等。鱼肉中脂肪多由不饱和脂肪酸组成，消化率为95%左右。鱼肉中碳水化合物含量较低，主要以糖原形式存在。鱼体内还含有糖胺聚糖，如硫酸软骨素、硫酸乙酰肝素、透明质酸等。鱼肉中含有较丰富的维生素A、维生素D、维生素E和烟酸，鱼油和鱼肝油是维生素A、维生素D及维生素E的主要来源。鱼肉中矿物质含量为1%~2%，其中锌、硒含量丰富，海水鱼含碘丰富。

(3)甲壳和软体动物类。甲壳和软体动物类包括虾、蟹、贝壳、章鱼、鱿鱼、牡蛎等,蛋白质大多在15%左右,其蛋白质含有全部必需氨基酸,其中络氨酸和色氨酸含量较多,贝类含有丰富的牛磺酸。甲壳和软体动物类的脂肪和碳水化合物含量低。甲壳和软体类动物的维生素含量与鱼类相似,矿物质含量多在1%~1.5%,钙、钾、钠、铁、锌、硒、铜等含量丰富。

7.蛋类及蛋制品

蛋类及蛋制品包括鸡蛋、鸭蛋、鹅蛋、鹌鹑蛋等及其加工制成的咸蛋、松花蛋。蛋类营养丰富,其蛋白质含量为12%左右,蛋清稍低于蛋黄,且氨基酸组成与人体需求最相近,赖氨酸及蛋氨酸含量较高,还富含半胱氨酸。蛋类中98%的脂肪存在于蛋黄中,且几乎全部以与蛋白质结合的乳化形式存在,消化吸收率高。鸡蛋黄中中性脂肪占62%~65%,磷脂占30%~33%,固醇占4%~5%,还有微量脑苷脂类。中性脂肪中单不饱和脂肪酸占50%,亚油酸占10%,其余还包括硬脂酸、棕榈油酸、棕榈酸以及微量花生四烯酸。蛋类胆固醇含量极高,主要集中在蛋黄,加工成松花蛋后胆固醇含量无明显改变。蛋类中还有含量丰富、种类较齐全的维生素,包括所有的B族维生素、维生素A、维生素D、维生素E、维生素K和微量的维生素C,其中大部分的维生素A、维生素D、维生素E及维生素B_1都存在于蛋黄中。蛋类的矿物质也主要存在于蛋黄中,其中钙、磷、铁、锌、硒等含量丰富。

8.乳类

乳类是指牛、羊等哺乳动物的乳汁。乳类是自然界中唯一的含有机体所需全部营养素的一种食物。牛乳中的蛋白含量较为恒定,在3%左右,分为酪蛋白和乳清蛋白,乳清蛋白包括β乳球蛋白、α乳白蛋白和少量的血清蛋白、免疫球蛋白等。乳类蛋白为优质蛋白质,易消化吸收。牛乳中的脂肪含量为2.8%~4.0%,其中磷脂含量较高。碳水化合物主要以乳糖形式存在于乳类中。乳类几乎含有所有种类维生素,矿物质大部分与有机酸结合形成盐类,包括钙、钠、钾、镁、氯、铜、铁等。发酵乳中钙含量高且生物利用率高,是食物中最好的天然钙来源。

(三)青春期营养

1.青春期的生理

青春期是指由儿童逐渐发育成为成人的过渡时期。青春期是人体迅速生长发育、性格形成和智力水平提高的关键时期。青春期的进入和结束年龄存在较大的个体差异。人体身高、体重指标及身体机能和素质指标,其后天影响程度的可控性为50%~70%。

青春期身高增长速度加快，一般维持2~3年，这段时间内身高一般以每年6~8 cm增加，甚至可以达到每年增长10~12 cm。身高的增长标志着骨骼的增长，在这段时间内合理科学的营养、锻炼及生活作息有利于身高的增长。体重在这段时期也迅速增长，主要是因为骨骼、肌肉、脂肪和内脏迅速增长。同时，第二性征也发育成熟。如男性的喉结突出、嗓音变低等；女性乳房发育、嗓音变细等。

人体神经系统兴奋与抑制过程逐渐趋于平衡，分析和综合能力明显增强，语言文字这类第二信号系统高度发展，抽象思维能力提高，第一信号（感觉器官直接接受的外界刺激信号）系统和第二信号系统的协调性达到人体最高水平，是人体高级神经系统的最佳状态，具体表现为注意力集中，观察力、记忆力好，想象力丰富，创新思维能力增强，推理论证能力提高等，但同时由于大脑皮层的兴奋性较强，也会表现出冲动、好胜的性格特点。

心血管系统发育慢慢接近成人水平，心肌收缩力增强，脉搏输出量增加，心率逐渐降低，血管弹性逐渐增加，为进行高强度长时间运动提供了生理保证。随着年龄的增长，骨骼中的水分减少，无机盐增加，骨骼密度增厚，骨骼变得更加粗壮和坚固，肌纤维变细，肌肉变得发达，肌力增加。

青春期生殖器官发育加快，在下丘脑-垂体-性腺的调节作用下，男子的睾丸体积增大，能够产生精子和分泌雄性激素，并出现遗精现象；女子的卵巢质量增加，能够产生卵子和分泌雌性激素，并出现月经现象。

2. 青春期营养

青春期是人体生长、发育的关键阶段，也是不断加大身心活动量的高峰时期。在这一时期，对营养素的要求大于成人，如果在青春期营养不足，不仅会影响身体发育，还会导致疲劳、注意力不集中、消瘦、抵抗力下降等。青春期不仅是生长发育的旺盛时期，而且日常活动量大，所以青春期对热量的需求一般比成人多25%~30%，热量的主要来源是碳水化合物。青春期需保证摄入足量蛋白质，因为机体内细胞大量增殖，需消耗大量蛋白质，而且蛋白质缺乏会导致机体免疫力下降。对青春期的青少年来说，动物类脂肪和植物类脂肪都是必不可少的。维生素有利于青少年身体发育，增强抵抗力，促进新陈代谢，帮助消化与吸收人体所需的各种营养。矿物质中钙和磷是骨骼和牙齿的主要原料，需要量大，而铁是红细胞生成的重要原料，缺铁则可能导致缺铁性贫血。青少年身体的需水量要比成年人多7%左右，饮用足够的水有利于消化、调节体温、滋润皮肤、排出废物、促进身体健康生长。

(四)大学生的合理膳食

1.种类丰富,谷类为主,粗细搭配

人体所需的营养素复杂多样,没有任何单一的天然食物可以满足这种需求,因此膳食必须由多种食物合理搭配,达到合理营养的目的。谷类为主即强调谷类食物作为人体能量的主要来源,应达到一半以上,这样既能提供充足的能量,又可避免摄入过量脂肪。粗细搭配,即在目前精米白面的基础上,适当添加一些粗粮,以保证维生素、矿物质和膳食纤维的摄入。

2.多吃蔬菜水果和薯类

蔬菜水果是维生素、矿物质、膳食纤维的重要来源,水分多,能量低。而薯类则含有丰富的淀粉、膳食纤维、维生素和矿物质。多吃蔬菜水果和薯类可维持肠道正常功能,提高机体免疫力。

3.足量的乳类、豆类及其制品

乳类和豆类富含蛋白质,可以提供机体所需的氨基酸等。乳类含钙量也较高,且利用率较高,有利于生长发育,增加骨密度。

4.每日补充适量肉类食物

肉类食物是人体优质蛋白质的主要来源。

5.适当饮食,结合运动,保持健康体重

进食量和运动是保持健康体重的重要因素,食物为机体提供能量,运动消耗能量,形成一个平衡状态,若打破这种平衡,引起体重过高或过低都是不健康的表现,容易引起各种疾病。成人的健康体重是指体质指数(BMI)维持在18~24 kg/m^2。

6.良好的饮食习惯

合理的膳食搭配是健康的基础,良好的饮食习惯则是均衡营养摄入的前提。根据机体的生理需要,消化系统的活动规律,结合工作学习的需要来安排一天的餐次和进食量,尽量形成一定的时间规律,且早餐时间为15~20 min为宜,午餐和晚餐时间以30 min左右为宜,时间太短,不利于食物消化,且容易带来肠道不适,而时间过长易引起食物摄取过量。一般情况下早餐提供的能量应占全天总能量的25%~30%,起床半个小时后进行,谷类100 g左右,适量优质蛋白,再加上100 g左右的蔬菜水果;午餐所提供的能量占全天总能量30%~40%,主食可在米饭和面食中选择,搭配肉类食品和蔬菜水果;晚餐要适量,晚餐所提供的能量要满足晚间活动和夜间睡眠的能量消耗,一般占总能量的30%~40%,可选择富含膳食纤维的食物,避免过于油腻。

7. 每天足量饮水

饮用足够的水有利于消化、调节体温、滋润皮肤、排出废物，促进身体健康成长。

二、作息规律与健康

（一）正确制订学习计划，科学用脑

学习，是指通过阅读、听讲、思考、研究、实践等途径获得知识或技能的过程，这个过程则完全由大脑进行支配。只有重视用脑卫生、科学用脑，才能提高学习效率，保持良好的健康状态。

大脑由左右大脑半球组成，是控制运动、产生感觉及实现高级脑功能的高级神经中枢，对来自体内外环境的各种刺激加以分析和综合，产生感觉、思维，并建立语言和支配行动，以保证人类对自然和社会的改造和适应能力。

人在学习或工作开始时，效率通常较低，经过一个适应阶段后效率逐渐提高，这称为大脑的始动调节。根据这一特点，在学习计划的安排上，应采取循序渐进的原则，由浅入深，由易至难，逐渐增加学习难度及学习强度。

大脑皮层在反复受到内部和外部的各种条件刺激时，兴奋和抑制过程在空间和时间上会产生固定的顺序关系，条件反射的出现会越来越恒定和精确，即常说的“熟能生巧”，这种规律称为大脑的动力定型。因此养成良好的学习习惯，会使学习事半功倍。

学习效率的高低，注意力是否高度集中，取决于大脑皮层相应的区域是否处于良好的兴奋状态。所以，学习要有明确的目的，积极的学习态度，这样才能使学习的刺激在大脑皮层产生优势兴奋灶。

大脑皮层的不同部位执行着不同的任务，当进行某一个活动时，只有相应部位处于工作状态，其他部分处于抑制状态，形成兴奋区与抑制区、工作与休息互相交替的复杂方式。根据这一生理特点，大学生学习、休息、运动应交叉更替安排，利用脑力与体力活动的交替，来减少大脑的疲劳，提高工作学习效率。

任何活动都伴随着大脑皮质功能的消耗，随着大脑皮层兴奋区域代谢，血流量和耗氧量也逐渐增加，大脑的工作能力逐渐提高，但当消耗过大时，皮质进入抑制状态，神经细胞功能暂时降低，以防止进一步消耗，保护大脑免于陷入功能衰竭状态。所以，学习要劳逸结合，充足的睡眠和积极的体育锻炼也有利于恢复大脑皮质的工作能力。

(二)科学睡眠与健康

睡眠是生命的基本保障,人一生中有1/3的时间是在睡眠中度过,睡眠作为生命所必需的过程是机体复原、整合和巩固记忆的重要环节。睡眠可以使机体消除疲劳,恢复体力和精力,是保障生命健康的最基础、最重要、最简易的环节。

1.睡眠概述

睡眠是一个深浅交替的过程,其主要分为两个时相,快速眼动睡眠和非快速眼动睡眠。

(1)快速眼动睡眠又称为快波睡眠或同步睡眠,位于大脑根部的脑桥网状结构向脊柱神经发出信号,使眼球产生快速运动,此时期即为快速眼动睡眠。快速眼动睡眠可直接转化为觉醒状态,但觉醒状态不能直接进入快速眼动睡眠。快速眼动睡眠主要特点包括以下几点:①有显著的快速眼球运动,由于眼外肌的阵发性抽搐导致眼球快速地水平方向运动,在闭合的眼睑中可以看到眼球左右地移动。②除大脑外,全身代谢率降低,全身肌肉放松。③脑电波状况与清醒时相似,呈低电压快波,脑代谢增加,脑血流增加,心率加快,呼吸浅快而不规则,血压波动,瞳孔时大时小,体温升高,各种感觉功能减退。④80%从快速眼动睡眠中醒来的人会认为自己在做梦,因为清晰的梦境在这时会出现,此时叫醒正在做梦的人,他将能更直接准确地回忆梦的内容。

(2)非快速眼动睡眠,又称慢波睡眠,不伴有剧烈的眼球震动。此时期包括从蒙胧入睡到熟睡的整个过程。根据脑电图的变化可分为Ⅰ、Ⅱ、Ⅲ、Ⅳ期(Ⅰ、Ⅱ期又被称为浅睡眠期,Ⅲ、Ⅳ期被称为深睡眠期),也可分为入睡期、浅睡期、中度睡眠期和深度睡眠期。入睡期也可称为过渡期,睡眠最浅,持续数分钟,生理活动逐渐变慢,很容易唤醒;浅睡期睡眠逐步加深,持续10~20 min,肌肉逐渐放松,但易被唤醒;中度睡眠期也称为熟睡期,持续15~30 min,肌肉完全放松,心跳缓慢,血压下降,难以唤醒;深度睡眠期持续10 min,全身放松,无任何活动,体内激素大量分泌,人体组织愈合快速,梦游即出现在这一时期,极难唤醒。

正常人入睡一般先从非快速眼动睡眠开始,在入睡90 min左右进入快速眼动睡眠,每交替一次成为一个睡眠周期,每个周期90~110 min,循环往复,每晚通常有4~5个睡眠周期。

2.睡眠不足与健康

睡眠不足常常会导致很多健康问题,如果不引起重视,甚至会引起身心疾病,具体不良影响有以下几个方面:①影响大脑的功能。为了使大脑的工作效率更高,劳逸结合必不可少。充足的睡眠是消除大脑疲劳的主要方式,如果长期睡眠不足,或者睡眠质量太差,大脑得不到充分的休息,就会影响大脑的功能。②影响皮肤的健康。人的皮肤是依靠皮下组织的毛细血管来提供充足的养分。睡眠不足会引起皮肤毛细血管的血液淤滞，循环受阻，使得皮肤的细胞得不到充足的营养，影响皮肤的新陈代谢，加速皮肤的老化，使皮肤颜色显得晦暗和苍白，易生皱纹。③引起肥胖。睡眠不足可以引起人体内食欲刺激素浓度上升，该激素由胃分泌，能够引起人的进食欲望。另外，睡眠不足还能导致人体内消脂蛋白质浓度下降，消脂蛋白是在血液系统中的一种具有抑制食欲功能的物质，当人体内控制食欲的机制失衡时，大脑的决策系统就可能做出错误的决定。④导致机体免疫力下降。长期睡眠不足会导致人心情忧郁，免疫力降低，会导致各种疾病发生，如神经衰弱、胃肠疾病等。睡眠不足还会引起血中胆固醇含量增加，增加心血管疾病的发病机会。

3.科学睡眠

睡眠是机体的本能和生理需要，睡眠的质量与我们的健康密切相关。影响睡眠的因素很多，如生活习惯、心理因素、疾病等。生活习惯方面，例如时差、睡眠环境差、过饱或者过饿等。心理因素方面，焦虑、过度兴奋都会引起睡眠困难。疾病方面，例如疼痛、咳嗽、心悸、尿频、睡眠呼吸暂停低通气综合征。不良的睡眠威胁着人类的健康，健康睡眠不可忽视，养成良好的睡眠习惯，提高睡眠质量应做到以下几点：

（1）坚持规律的作息习惯。神经的兴奋和抑制有一定的规律性，如果坚持每天按时睡觉形成规律，就可以提高睡眠质量。如果不重视作息规律，在夜间熬夜、白日赖床，形成恶性循环，就会导致精神不振、疲乏甚至失眠、神经衰弱。

（2）睡前不可猛吃猛喝。睡觉前吃得过饱或吃油腻的食物，会增加胃肠道的负担而影响睡眠，或者睡前大量喝水，则夜间可能一直不停地上厕所而影响睡眠。

（3）睡前远离烟酒茶及咖啡。为了避免造成大脑兴奋而引起失眠，建议睡前8 h内不要饮用咖啡、茶水等含有兴奋成分的饮料。

（4）选择正确的锻炼时间。有规律的锻炼可以提高睡眠质量，下午是改善睡眠质量的最佳锻炼时间。注意睡前不可做剧烈运动，运动使人兴奋，睡前运动会加快机体新陈代谢，神经兴奋，向后推移进入非快速眼动睡眠的时间，破坏日常作息规律。

（5）建立良好的睡眠环境。保持睡眠环境安静和一定的空气流通，室温可稍偏低但不可过低，室温稍低有助于睡眠，但过低会使皮肤肌肉处于一种紧张状态，导致睡眠浅、易惊醒，另外就是要有一张舒适的床。

（6）不要卧床闭目思考。躺在床上思考问题往往会导致神经兴奋，毫无睡意，长久以后会形成条件反射，导致习惯性失眠。

（7）养成正确的睡眠姿势。对于大多数人来说，最佳的睡眠姿势是侧卧位，身体自然弯曲，全身放松，这样的姿势心脏压力最小，有利于血液搏出，增加全身各器官的血液供应。

三、运动与健康

(一)概述

生命在于运动,科学的运动可以增强体魄,改善心情。对于有学习压力的现代大学生来说,适当运动不仅可以提高身体素质,还可以达到劳逸结合的目的,使智力水平得到充分的发挥。

(二)合理的运动计划

运动对机体来说是一种刺激源,如同药物一样,根据用法和用量的不同会对机体产生有益或者有害的作用。运动不当或者运动过量都会导致机体损伤,只有选择科学的方法进行体育锻炼,才能达到有益健康的目的。

1. 运动锻炼的基本原则

(1)明确锻炼目的,自觉锻炼。运动的目的在于增进身体健康、提高自身的活力,让运动锻炼成为发自内心的需要和自觉运动。只有明确运动锻炼的目的,才能自主地去学习和掌握运动锻炼的知识、技能和技术,才能真正地达到促进身体健康的目的。(2)持之以恒,循序渐进。运动锻炼贵在坚持,任何锻炼项目只有持之以恒地进行才会达到有益健康的目的。任何一种运动锻炼都必须量力而行,先从简单的、量小的运动开始,等身体适应一段时间以后,再逐渐进行运动量大的运动锻炼,循序渐进。(3)合理安排运动负荷。运动负荷是指人体在运动时身体所承受的生理负荷,包括负荷量和负荷强度两个方面。量是指完成练习的次数、组数、时间、距离和重量等;强度是指完成练习所用的力量的大小和肌肉的紧张程度,包括动作的速度、练习的密度、间歇时间的长短、负重的重量、投掷的距离、跳高的高度等。在运动锻炼中要做到合理安排身体所能承受的生理负荷,使身体既能感到一定程度的疲劳,又不至于虚脱,并与休息合理交替。(4)采用多种形式全面发展。通过运动锻炼,使得身体的各个部位、器官、系统机能,以及各种身体素质和基本活动能力都获得全面而协调的发展。利用多种形式、手段、内容和方法进行全面锻炼,只有这样才能全面优化人体自身生命系统整体功能。(5)从实际出发,个体化选择。运动锻炼要从自身实际需要出发,按照自身的意愿,自由、自主、自控、自娱和自乐地进行。运动锻炼时,锻炼的任务、内容、手段、方法和运动负荷等都应以自身特点和具体情况来确定。(6)运动的安全性。运动锻炼时要注意安全,运动前准备活动要充分,运动时间要适当,劳逸结合。掌握科学的运动时间,注意餐后、饥饿和疲劳时不宜立即运动,剧烈运动后不可立即进食、饮水、洗冷水澡，女生生理期尽可能避免剧烈运动等。注意营养，睡眠要充分，身体不适时要休息。

2. 运动指南

主要包括运动类型、运动强度、运动持续时间、运动频率。

（1）运动类型。一般以有氧运动和耐力运动为主。早上可选择跑步，课间可选择广播操等，下午和傍晚可选择较剧烈的球类比赛等。

（2）运动强度。时间长、运动强度较低的有氧运动，其标准是心率升高到本人最高心率的70%左右，自觉身体稍有疲累，有利于改善脂质代谢、预防肥胖、控制体重。时间短、运动强度高的无氧运动，其标准是心率升高到本人最高心率的90%，有利于增强心肺功能。最高心率定义为220减去年龄。

（3）运动持续时间。每天30~60 min或每周大于150 min，每次运动需在10 min以上。

（4）运动频率。最好养成每天规律锻炼的良好习惯。

（三）运动损伤的预防

1. 认真做好准备活动

准备活动可分为一般性准备活动和针对性强的专项准备活动。做准备活动时，应根据个人身体机能选择合适的内容和运动负荷，容易受伤部位的准备活动要充分，活动时要小心谨慎，同时加入一些力量练习和伸展性的练习，可有效提高肌肉的温度，预防肌肉拉伤。

2. 合理安排运动负荷

运动时如果负荷不足，就不能达到促进人体运动能力提高这一目的，但如果运动负荷安排过大，不仅使运动系统的局部负荷过重，导致运动损伤，还会使中枢神经系统疲劳，导致全身机能下降，协调能力、注意力等降低。运动负荷的安排应根据个体的不同和各项运动的特点进行合理调整，循序渐进。注意间隔放松，在训练中，每组练习之后，为了更快地消除肌肉疲劳，防止由于局部负担过重而出现运动伤，每组之间的间隔放松非常重要。

3. 加强自我保护，加强运动场地安全、卫生管理

（1）运动时应穿合适的运动鞋和运动衣，以避免滑倒、摔伤和不必要的拉伤。（2）运动时应先清理运动场地中容易导致意外事故的杂物。（3）严格检查运动时会使用到的器械，并能熟练掌握器材的各种功能，了解其潜在危险。

4.有效掌握运动技术

在专业人士指导下掌握正确的运动技术,包括身体姿势、运动轨迹、运动时间、运动速度、运动速率、运动力量、运动节奏等。

四、环境与健康

健康是人类永恒的主题,而环境是影响和决定人类健康的重要因素。环境是以人类为中心的所有客观外界条件的总和,不仅包括自然环境,还包括日常生活、学习、工作的社会环境。人类在努力利用和改造环境的同时,环境也影响着人类。

(一)自然环境对健康的影响

人体健康与自然环境有着密切的关系,人类和自然环境相互影响。人类通过新陈代谢和自然环境进行着物质和能量的交换,两者之间保持着一种动态平衡,一旦这种平衡遭到破坏,就会引起人体功能结构的异常或病理变化,归纳起来自然环境对人体健康的影响可分为自然因素和人为因素。

1.自然因素

自然因素是指自然环境中本来就存在的或自然环境的异常变化对人体健康的影响,包括三个方面:①地质环境的异常变化:人体所需要的化学元素来自其所居的地质环境,包括土壤、水等,不同地区之间存在着化学元素的区域性差异,当这种差异超过人体所能适应的范围时,就会导致因某种化学元素的摄入过多或缺乏引起的相应的功能失调,如地方性甲状腺肿大、地方性砷中毒、地方性氟病等。②海拔的变化:不同海拔,大气压强及空气中的氧含量不同,生长在不同海拔的人的心脏大小和跳动频率是不同的,对心肌的厚度要求也不同。当生活在低海拔地区的人们到高海拔地区就容易出现头痛、失眠、食欲减退、疲倦、呼吸困难等高原反应,而生活在高海拔地区的人们到低海拔地区,则可能出现不同程度的醉氧反应,如困倦、嗜睡、食欲亢进、下肢浮肿等症状。③季节气候的变化:春秋季是冷暖的过渡期,天气变化较大,忽冷忽热,昼夜温差大,人容易受凉而引发呼吸道感染。夏季炎热常常导致人食欲下降,情绪烦躁,抵抗力下降,大多数人贪吃生冷食物加之食物容易变质,易引发肠道疾病。冬季寒冷且空气干燥,室内外温差大,人易患呼吸道感染,如肺炎、鼻炎,且容易导致暴露在外的皮肤冻伤皲裂。

2.人为因素

人为因素是指人类对自然生态环境的破坏、污染。①大气污染。森林植被的破坏,大气中具有温室效应的气体含量增加，气候变暖，某些经生物传染媒介传播和在热带流行的疾病（如登革热、乙型脑炎等）发病率增加，流行期延长，流行地域扩展；臭氧可以吸收大部分太阳辐射中对人体健康有害的短波紫外线，臭氧层的破坏导致人体皮肤癌的发病率增加，同时呼吸道疾病和眼睛炎症发病率增加，严重时可影响到动植物的生殖繁衍；空气中的可吸入颗粒物随着呼吸进入肺并滞留在呼吸道不同部位，与进入人体的二氧化硫等有害气体联合起来刺激和腐蚀呼吸道黏膜，损伤纤毛，增加气道阻力和引起呼吸道炎症，诱发慢性阻塞性肺疾病，悬浮颗粒物还会阻塞皮肤的毛囊和汗腺，引起皮肤炎症、结膜炎等；另外空气中的氮氧化合物、二氧化硫、一氧化碳对人体健康损害严重。②水污染。水污染包括病原体污染、需氧物质污染、石油污染、有毒化学物质污染、放射性污染；水体受到有毒化学物质的污染后，人体通过直接饮用水就会导致各种疾病的发生，对人体危害严重。③土壤污染。土壤污染使污染物在植物体内积累，通过食物链富集在人体引发中毒、癌症和其他疾病。④噪声污染。噪声会使人紧张、心情烦躁、注意力无法集中，长期处于噪声环境下，不仅降低睡眠质量，还会诱发消化道溃疡、内分泌功能紊乱等疾病。

（二）社会环境与健康

社会环境是指人类生存及活动范围内的社会物质精神条件的总和，简单来说，就是人与人、人与物、物与物之间的各种关系及其所形成的环境。社会环境的构建离不开人类，同时社会性更是人类的显著特征，社会环境对人类的生活、学习、工作及身心健康产生重大影响。

1. 社会环境对健康的影响

良好的社会环境有利于该社会环境中的人的身心健康，相反，不良的社会环境则会给人带来负面影响。社会心理是指一个社会群体对某一社会现象、事物的心理认同导向和态度，社会心理主要受社会文化价值观的影响，对社会成员的心理有着不同程度的制约和支配作用。良好的社会心理有利于社会成员个体人格的塑造和身心健康，不良的社会心理则会塑造不良的个体人格，危害个体身心健康。

社会人口是社会必不可少的构成要素。适当的人口总量和合理的人口结构，有利于社会的稳定和社会成员的身心健康。人口问题会带来包括就业、教育、环境、医疗、经济、家庭、婚姻等许多相关的社会问题，影响社会的协调发展和良性运作，最终影响人的身心健康。目前我国人口结构老龄化趋势明显，独生子女数增加，男女性比例略有失调，给年轻一代生活、家庭、经济、婚姻等都带来一定的影响。

现代社会每个社会成员的生活都离不开现代传媒。现代传媒的高速发展,让人们能够及时快速地了解和掌握社会变动的最新状况,但同时也给大家带来心理上的负担,例如一些暴乱、战争等不良社会信息和各种灾难信息过度地传播和发展,带给人们心理上的恐惧不安和紧张,甚至出现焦虑失眠的症状。

安全稳定的居住环境和社会治安环境能使人们将心思和精力放在生活、学习和工作上。不良的社会治安环境会使人出现心理紧张,出门小心提防,夜间不敢外出,无形中给人在心理上增加不安和紧张感,严重时可影响人的身心健康。

2. 大学生的环境适应

大学生离开家乡,进入大学这一个陌生崭新的学习生活环境,需要有更强的自我管理能力、适应能力、自学能力和社会交际能力等。这一切使大学生的生理、心理和社会适应能力方面发生了急剧的变化。而社会适应能力差,已成为当下部分大学生的一个问题,理想与现实的矛盾,自我意识的不健全,对事物的认知偏差,对生活实践的应对策略欠缺等问题,让大学生们出现各种心理困扰,如失落、沮丧、自卑、紧张、焦虑、空虚、倦怠等。大学生要良好地适应社会环境,主要应做到以下几点:

(1)正确评价自我。人贵有自知之明,正确地评价和认识到自己的优点和长处,自信自爱,保持积极的心态;同时更应充分了解和认识到自己的缺点和不足,远离骄傲自满。另外正确评价自我,还包括正确认识自己的理想与渴望,充分发挥自己的潜能。

(2)积极参加社会实践。大学生应积极自觉地参加各种社会实践,丰富感性认知,磨炼意志,丰富自己的生活经验,提高社会适应力。

(3)培养独立生活能力。在学习上,学会科学用脑,掌握科学的学习方法,培养自学能力和判断能力,学会独立思考问题。在人际交往上,应注意选择交往对象和交往方式,自觉参加集体活动,学会应对挫折困难,培养自己独立处理问题和承受挫折的能力。

(4)建立和谐的人际关系。建立良好和谐的人际关系应做到以下几个方面:①尊重原则。既要做到自尊自爱,更要做到尊重他人,重视他人的人格和价值。②平等原则。人人平等,把每个人都看成和自己同等的人,才能真正做到平等互助地正常交往。③互利原则。做到互相帮助,互相关心,互相理解,互相尊重。④兼容原则。在人际交往过程中应有耐心,能够包容对方的个性和缺点,出现矛盾时要理智应对,宽容待人。拥有良好和谐的人际关系,才能获得更多的社会支持,才会有社会归属感和安全感。

五、不良行为与健康问题

（一）吸烟对健康的危害

众所周知，吸烟有害健康，香烟燃烧时会释放多种有毒有害物质，其中最主要的有害物质有尼古丁、焦油和一氧化碳。

香烟烟雾中的这些有害物质均有细胞毒性和诱发细胞突变的作用，同时吸烟可引起人体免疫功能的损伤，削弱机体对肿瘤细胞生长的监视杀伤和清除功能。

吸烟会损伤血管内皮，引起外周血管及冠状动脉病变厚、管腔狭窄、血管收缩，血流减慢，血小板聚集性增加；另外香烟中的尼古丁也会促使血小板聚集；一氧化碳会降低红细胞的携氧能力，造成组织缺氧，诱发冠状动脉痉挛；组织缺氧，机体代偿性红细胞增多，使血液黏度增加；吸烟还使血浆纤维蛋白原水平增加，凝血系统功能紊乱。吸烟是许多心脑血管疾病的主要危险因素，吸烟者冠心病、高血压等心脑血管的发病率，均明显高于不吸烟者。

吸烟还是慢性支气管炎、肺气肿和慢性气道堵塞的主要诱因之一。长期吸烟会使支气管黏膜的纤毛变短受损，降低纤毛的清除异物功能，还会导致黏膜下腺体增生、肥大，黏液成分改变，分泌增多，更易造成细支气管阻塞，引起肺气肿性改变。

吸烟可引起胃酸的分泌增加，并抑制胰腺分泌碳酸氢钠，增加十二指肠负荷，诱发溃疡；吸烟还可降低食管下括约肌和幽门括约肌张力，前者张力降低易造成反流性食管炎，后者会导致胆汁反流，削弱胃十二指肠黏膜的防御能力，促使炎症和溃疡的发生。

吸烟对女性的危害远大于男性，吸烟可引起女性雌激素分泌下降、月经紊乱、受孕困难，还会导致骨质疏松及更年期提前。孕期女性吸烟易引起自发性的流产、胎儿发育迟缓和新生儿体重低。

（二）饮酒对健康的危害

过度饮酒会给人体造成严重的损坏，会降低乙醛脱氢酶的活性，导致乙醛的产生和代谢不平衡，使机体内乙醛含量明显升高。乙醛对机体器官具有一定的毒性，其中对胃、肝和神经系统的危害最大。

1.过度饮酒对胃的损伤

过量乙醇进入胃后可刺激胃运动，挤压血管造成局部缺血，使胃黏膜的血液量减少，影响其正常代谢及功能，导致胃黏膜损伤引起消化道出血等情况。乙醇在胃的代谢会引起胃及其周围组织DNA损伤，引发一系列病变。

2. 过度饮酒对肝脏的损伤

乙醇脱氢酶在肝脏中最多,其活性升高会导致肝细胞受损,而其代谢产物乙醛会使肝细胞中的线粒体受损,导致肝细胞对脂肪酸的分解功能下降,形成脂肪肝。乙醛进入血液后,在黄嘌呤氧化酶的作用下形成超氧化物,引起脂质过氧化,导致肝细胞退化变性。另外乙醛还可与蛋白质结合形成乙醛复合体,引起蛋白质功能紊乱,刺激纤维生成和诱导免疫应答,进一步加重肝细胞损伤。乙醇在肝脏内代谢会引起线粒体的脂质过氧化反应,引起肝细胞DNA裂解,导致肝癌变。

3. 过度饮酒对神经系统损伤

乙醇是一种中枢神经抑制剂,具有神经细胞毒性作用,会导致包括大脑皮层、海马和小脑在内的大脑神经结构持久性或可逆性改变。酗酒后会出现反应迟钝、记忆力下降、判断力下降等情况,长期酗酒会导致大脑萎缩、智力减退,还会出现轻重程度不等的多发性神经炎、肌肉萎缩等。

4. 过度饮酒对身体的其他损伤

长期酗酒会造成心肌中出现脂肪细胞,使心肌失去正常的弹性,导致心脏肥大。酒精还可以直接导致心律失常、血压波动、血管痉挛。酒精在体内代谢会消耗较多的B族维生素,B族维生素缺乏会导致周围神经性疾病、贫血等。长期酗酒还可降低呼吸系统免疫能力。另外酒精在体内代谢会释放高热量,导致一系列代谢紊乱,诱发一系列酒精代谢综合征,如高乳酸血症、高尿酸血症等。

(三)毒品对健康的危害

毒品是指国际禁毒公约规定的受管制的麻醉药品和精神药品。世界卫生组织将其分为八大类:吗啡类、巴比妥类、酒精类、可卡因类、印度大麻类、苯丙胺类、科特类、致幻剂类。目前已知的毒品种类已达200多种,如鸦片、吗啡、海洛因、大麻、可卡因、冰毒、K粉、摇头丸等。

吸毒对身体的毒性作用是指因用药剂量过大或用药时间过长引起的对身体的一种有害作用,通常伴有机体的功能失调和组织病理变化。吸毒的毒性作用主要包括:破坏人体正常的生理功能和免疫能力,使人出现嗜睡、感觉迟钝、运动失调、幻觉、妄想、定向障碍等,导致吸毒成瘾者生活、工作、学习能力逐渐削弱,直至完全丧失。另外吸毒对中枢神经系统、心血管系统、呼吸系统、消化系统、生殖系统都有严重影响。

戒断反应是指药物成瘾者突然终止用药或减少用药剂量后发生的特殊的心理症候群,如焦躁不安、失眠、食欲增强、吐黑灰色痰、血压升高以及心律不齐等,这也是吸毒成瘾者难以戒毒的重要原因。大量吸毒成瘾者出现戒断反应时，痛苦难忍，极端情况会出现自残自伤、自杀行为，严重的戒断反应还会引起各种并发症，甚至直接导致死亡。

吸毒所引起的最严重的精神障碍是幻觉和思维障碍，使吸毒成瘾者的人生只围绕着毒品，其人格逐渐解体丧失。

很多毒品的吸食方式为静脉注射，而私下进行静脉注射毒品无法保证其安全性，常常会导致吸毒者感染上各种传染病，如乙型肝炎、艾滋病等。此外频繁地进行静脉注射还会损害血管，出现假性血管瘤。

吸毒是一个无底洞，家庭中一旦出现了吸毒者，那么整个家庭不管是在经济还是在心理健康上都会出现巨大的问题，导致倾家荡产、亲属离散甚至家破人亡的困难境地。吸毒同样会造成社会财富的巨大损失和浪费，吸毒者的生活、学习、工作能力丧失，出现各种各样的疾病；而且毒品活动也会诱发各种违法犯罪活动，如抢劫、盗窃等，扰乱社会正常秩序，给社会安定带来巨大的威胁。

本章小结

健康主要包括两个方面，一是指身体各脏器没有疾病，二是具备较强的抵抗各类疾病的能力。

1.影响健康的四大因素：行为和生活方式因素，环境因素，生物因素和卫生服务因素。

2.日常常见疾病包括急性上呼吸道感染、肺炎、急慢性胃炎、消化性溃疡、泌尿系统感染、尿路结石等。

3.传染病是由各种病原体，包括病原微生物和寄生虫感染人体后所引起的一种传染性疾病，其发生需要三个基本条件，即传染源、传播途径和易感人群。

4.传染病的预防主要针对其流行过程的三个环节，即管理传染源，切断传播途径和保护易感人群，阻断其中任何一个环节，就不会发生传染病的流行。

5.性传播疾病简称性病，是一类可通过性接触而传播的疾病。主要包括梅毒、淋病、软下疳、性病性淋巴肉芽肿、腹股沟肉芽肿、非淋菌性尿道炎、艾滋病、尖锐湿疣、生殖器疱疹、滴虫病、细菌性阴道炎、乙型肝炎等。

6.性传播疾病的传播途径主要有以下几个方面：①性接触传播：性接触是所有性传播疾病最主要的传播途径；②间接接触传播：通过沾染生殖器分泌物的各种用具传播；③垂直传播：胎儿出生前后或出生过程中因密切接触而导致感染；④血行传播：通过输入被污染的血液或使用被污染的注射器而导致感染。

7.生活方式是指人们长期受一定社会、文化、经济、风俗、家庭影响而形成的一系列生活习惯、生活制度和生活意识。

8.营养素大致可分为糖类、蛋白质、脂类、矿物质、维生素、膳食纤维和水七大类，其中可为机体提供能量的营养素，只有糖类、脂类和蛋白质。

9.青春期是指由儿童逐渐发育成为成人的过渡时期。青春期是人体迅速生长发育、性格形成和智力水平提高的关键时期。

10.睡眠可以使机体消除疲劳，恢复体力和精力，是保障生命健康的最基础、最重要、最简易的环节。

11.合理的膳食、规律的作息、科学的睡眠、适当的运动、和谐的自然环境和社会环境都影响着人的健康状态。

12.吸烟、过度饮酒，甚至吸毒等不良行为对个人健康均有极大的妨碍，尤其是毒品还会进一步扰乱社会正常秩序，给社会安定带来巨大的威胁。

【思考题】

1. 引起近视的主要原因有哪些？
2. 痤疮的治疗原则是什么？
3. 传染病的基本特征有哪些？
4. 肺结核的治疗原则是什么？
5. 性传播疾病的传播途径主要有哪些？
6. 艾滋病的主要预防措施？
7. 必需氨基酸有几种，分别是哪些？
8. 建立良好和谐的人际关系应注意哪些？
9. 简述吸毒的危害。

CHAPTER 4

第四章

维护生命的和谐：大学生心理健康教育

第一节 心理健康及大学生心理健康的标准

一、心理健康及心理健康教育

（一）心理健康的概念

心理健康是指心理的各个方面及活动过程处于一种良好的状态，即性格完好、智力正常、认知正确、情感适当、意志合理、态度积极、行为恰当和适应良好的状态。心理健康是指一种持续且积极发展的心理状态，在这种状态下，主体能做出良好的适应，并且充分发挥其身心潜能。心理健康的发展受到遗传和环境的双重影响，尤其是幼年时期的原生家庭的教养方式。心理健康也突出在社交生活上能与其他人保持较好的沟通或配合，能良好地处理生活中发生的各种情况。

（二）心理健康教育的概念

心理健康教育是"新健康教育"的一个重要组成部分，它是以培养身心健康社会公民为目的，通过运用健康管理的方法，以校园环境、功能环境的改善为主，以人文环境的改善相配合，以老师和学生为两个主体，提供科学、健康、专业的指导。

二、大学生心理健康及其评判标准

人的生理健康是有标准的，人的心理健康也是有标准的。不过人的心理健康标准不及人的生理健康标准具体与客观。了解与掌握心理健康的定义对于增强与维护人们的健康有很大的意义。人们可以根据心理健康标准进行心理健康的自我诊断。发现自己的心理状况某个或某几个方面与心理健康标准有一定距离，就有针对性地加强心理锻炼,以期达到心理健康水平。如果发现自己的心理状态严重地偏离心理健康标准,就要及时地求医,以便早期诊断与早期治疗。

大学生的年龄范围一般为18~25岁,从心理学的观点来看,正处于青年中期。大学生的心理具有青年中期的许多特点,但作为一个特殊群体,大学生又不能完全等同于社会上的青年。根据我国大学生的实际情况,大学生的心理健康水平应从以下几个标准给予评判:

(一)了解自我,悦纳自我

一个心理健康的人能够体验到自己存在的价值,既能了解自己又能接受自己,有自知之明,即对自己的能力、性格和优缺点都能做出恰当的、客观的评价;对自己不会提出苛刻的、非分的期望与要求;对自己的生活目标和理想也能定得切合实际,因而对自己总是满意的;同时,努力发展自身的潜能,即使对自己无法补救的缺陷,也能安然处之。

(二)接受他人,善与人处

心理健康的人乐于与人交往,不仅能接受自我也能接受他人,悦纳他人,能认可别人存在的重要性和作用。他们能为他人所理解,为他人和集体所接受,能与他人相互沟通和交往,人际关系协调和谐;在生活的集体中无孤独之感;在与人相处时,积极的态度(如同情、友善、信任、尊敬等)总是多于消极的态度(如猜疑、嫉妒、畏惧、敌视等),因而在社会生活中有较强的适应能力和较充足的安全感。一个心理不健康的人,总是与集体、周围的人们格格不入。

(三)正视现实,接受现实

心理健康的人能够面对现实,接受现实。他们能主动地去适应现实,进一步地改造现实,而不是逃避现实;对周围事物和环境能做出客观的认识和评价,并能与现实环境保持良好的接触;既有高于现实的理想,又不会沉湎于不切实际的幻想与奢望。他们对自己的力量有充分的信心,对生活、学习和工作中的各种困难和挑战都能妥善处理。心理不健康的人往往以幻想代替现实,而不敢面对现实,没有足够的勇气去接受现实的挑战;总是抱怨自己"生不逢时"或责怪社会环境对自己不公而怨天尤人,因而无法认识现实环境。

（四）热爱生活，乐于学习和工作

心理健康的人能珍惜和热爱生活，积极投身于生活，并在生活中尽情享受人生的乐趣，而不会认为是重负。他们还在学习和工作中尽可能地发挥自己的个性和聪明才智，并从学习和工作中获得满足和激励，把学习和工作看作乐趣而不是负担；同时也能把学习和工作中所积累的各种有用的信息、知识和技能贮存起来，便于随时提取使用，以解决可能遇到的新问题，克服各种各样的困难，使自己的行为更有效率，学习和工作更有成效。

（五）能适当地表现情绪

心理健康的人愉快、乐观、开朗、满意等积极情绪总是占优势的，虽然也会有悲、忧、愁、怒等消极情绪体验，但一般不会长久；同时能适度地表达和控制自己的情绪，喜不狂，忧不绝，胜不骄，败不馁，谦而不卑，自尊自重，在社会交往中既不妄自尊大，也不退缩畏惧，对于无法得到的东西不过于贪求，争取在社会的允许范围内满足自己的各种需要；对于自己能得到的一切感到满意，心情总是开朗的、乐观的。

（六）人格完整和谐

心理健康的人，其人格结构包括气质、能力、性格和理想、信念、动机、兴趣、人生观等各方面能平衡发展。人格作为人的整体的精神面貌能够完整、协调、和谐地表现出来；思考问题的方式是适中和合理的，待人接物常常采取恰当灵活的态度，对外界刺激不会有偏颇的情绪和行为反应；能够与社会的步调合拍，也能和集体融为一体。

（七）智力正常，智商在80以上

智力正常是人正常生活最基本的心理条件，是心理健康的重要标准。智力是人的观察力、记忆力、想象力、思考力和操作能力的综合。一般常用智力测验来诊断智力发展的水平，智商低于70者为智力落后。

（八）心理行为符合年龄特征

在人的生命发展的不同年龄阶段，都有相对应的不同的心理行为表现，从而形成不同年龄阶段独特的心理行为模式。心理健康的人应具有与同年龄多数人相符合的行为特征。如果一个人的心理行为经常严重偏离自己的年龄特征，一般都是心理不健康的表现。大学生是处于特定年龄阶段的特殊群体，大学生应具有与年龄和角色相适应的心理行为特征。大学生心理健康应符合以下7条标准：(1)能对学习保持较浓厚的兴趣；(2)能保持正确的自我意识；(3)能协调与控制情绪，保持良好的心境；(4)能保持和谐的人际关系，善于交往；(5)能保持完整统一的人格品质；(6)能保持良好的环境适应能力；(7)心理行为符合年龄特征。

二、大学生心理健康的维护

影响大学生心理健康的因素来自生物、心理、社会文化等多个方面，大学生心理健康的维护也需要引起学生、家庭与社会的共同关注。

(一)坚持健康、文明的生活方式

健康的心理与健康的身体密不可分。对大学生而言，健康的生活方式包括以下几个方面：(1)合理作息，起居有常，早睡早起，充足睡眠；(2)平衡膳食，坚持吃早餐，体重保持正常水平；(3)科学用脑，实行时间管理，提高学习效率，劳逸结合，避免用脑过度；(4)积极休闲，选择文明高雅的休闲娱乐方式，愉悦身心；(5)适量运动，积极参加体育锻炼，不吸烟、不喝酒。

(二)培养和完善人格

人格的健全是心理健康的重要组成部分。大学生应当正确评价客观事物，正确对待自己与他人，同时，要善于管理情绪，情绪反应适度、正常，主动有效地适应社会环境与学校生活。

(三)投身社会实践，扩大人际交往，建立广泛的社会支持系统

大学生应当积极主动地参加各类社会实践活动，并在活动中全面提高自身素质，通过群体交往活动，理解人与人之间的关系，体验友谊与沟通的快乐，开阔视野，并寻找广泛的社会支持。当面临挫折与压力时，广泛宽厚的社会支持会帮助大学生走出沼泽地，走向开满鲜花的岁月。

第二节 大学生常见心理问题及预防

大学生正处于青春期及青春后期，是生理和心理急剧发生变化的时期，其心理发育与形态发育都正处于逐渐向成人过渡的阶段，心理特点是半成熟、半幼稚、独立性和依赖性的矛盾交错，个体容易体验到心理冲突和挫折。大学生的心理健康问题已经成为当今家庭、学校和社会非常关注的问题。

一、大学生常见的心理问题

（一）适应性问题

每个人在人生发展的特定阶段，都会遇到一些事情让他产生一些不良情绪或心理上的困惑，我们把这种常见的、人人都会遇到的、随着年龄的增长问题会自动解决或缓解的一系列问题称为“心理不适应”。大学生常常由于环境的改变和情感的挫折产生困惑，有时陷入难过、悲伤、愤怒、无助的情绪。心理不适应类问题的主要症状集中在情绪的不良状态，一般不良情绪不超过两个星期。以下是一些常见的适应性问题：

1. 新生不适应

当代大学生为了在激烈的高考竞争中取胜，几乎全身心投入学习，一旦从中学到大学的环境发生了改变，离开了长期依赖的家长和老师，面对新的集体、新的生活方式、新的学习特点，一些学生出现了独立与依赖的矛盾。有的学生来到这个新的环境后，会发现原先的预期与现实的大学生活存在较大的差距：他们有的在学习上存在困难，有的对专业的满意度不高，有的缺乏独立生活的能力，有的因地域差异而觉得与现实环境格格不入，有的面对内容丰富的大学社团活动不知如何选择，有的在完成进大学的目标后暂时丧失了新的学习和生活目标……总之，由于个体适应能力的差异，其中一些大学新生会出现因环境变化而造成的适应困难，进而情绪低落，出现心理问题。

新生的适应问题若未得到及时处理,有可能发展成较严重的心理问题,如神经衰弱、焦虑症、抑郁症、网络成瘾等。班级可组织新生适应方面的心理讲座,并多组织集体活动,给新生创造表达内在情绪的机会,同时建议新生寻求心理辅导老师的帮助。

2. 情感问题

爱情是最娇艳也是最刺手的玫瑰花。相当一部分大学生的爱情价值观还不成熟,他们往往凭着自己青春期的冲动,把任何事物都看得很美好,一旦遇到问题,往往没有准备,难以承受。另外,在大学里,常常有这样的现象,同学之间相互影响,比如同宿舍的人都有了男(女)朋友了,但是自己没有,于是形成心理落差,情绪不稳定。有的失恋后长时间沉浸在痛苦的情绪中,无法自拔,荒废了学业,整个人萎靡不振,甚至引发抑郁症等严重的心理问题。值得注意的是严重的情感失落是大学生自杀的重要诱因之一,必须加以重视。

班级可以组织一些爱情心理学方面的讲座或活动,鼓励同学多参加社团活动或班级工作,避免陷入单向的两人世界。若同学遇到情感困扰,建议其不妨与辅导员或心理辅导老师谈谈,帮助同学从恋爱中成长。

3. 人际交往问题

人际关系问题是高校心理咨询中的三大主要问题之一(其他两项是情感困惑和学业问题)。大学生有强烈的交往需要,渴望更多的人能理解自己,接近自己,成为自己的好朋友。然而,由于种种原因,如害羞、恐惧、自卑、交际能力不够、言辞表达较差,他们不知道该如何与人交往,甚至害怕交际,不愿与人沟通。

班级可组织一些如何提高人际交往技巧和能力的活动,对于因人际交往问题产生较严重情绪困扰的学生,应建议其找心理辅导老师谈谈。

4. 学业问题

大学是高中生向往、追求的目标,也是他们放弃许多兴趣爱好甘于在题海中跋涉的精神支柱。进大学后,部分学生为了保持自己在中学的优势,废寝忘食,除了学习自己的专业课,还自学一些社会急需课程,再加上英语、计算机等各种证书的考试使他们处于紧张的学习状态中。一些大学生对自己的专业不感兴趣,除了在高考填报志愿的时候由老师或家长强行代办之外,大学录取时进行专业调剂也让他们无法就读自己所喜欢的专业。一些学生在原先所读中学非常优秀,但是一进大学就发现自己原来只是一个"普通人",彼此实力相当,甚至发现自己的英语和计算机都不如其他同学,一贯优越感的丧失也使得一部分学生无法适应。而与此同时,又有部分学生则感到考入大学如释重负,因而即使感到竞争的危机、就业的压力,也提不起努力学习的劲头。学业受挫会使学生产生自卑、焦虑、沮丧等各种不能适时解决甚至严重的心理问题。

班级可开展一些学习经验交流会的活动，也可推荐同学寻求心理辅导老师的建议。

5.职业发展和择业问题

随着高等教育分配制度改革的不断深入，一方面市场带给大学生更多的择业机遇和更大的自由度，但另一方面也增加了择业难度，加重了大学生的行为责任和心理压力，而毕业生自身的素质、性别、专业以及社会关系等又制约着择业的自主权。对于少数大学生来说，甚至毕业就意味着失业。这一变化对受“进入大学门，就是国家人，就可以端铁饭碗吃皇粮”的传统观念影响，性格内向，心理承受力较差，心理适应力弱的大学毕业生来说，是难以解决的现实矛盾。一些大学生的专业、兴趣、就业目的、性格特点间的冲突，让他们产生矛盾的心理。恐惧、焦虑、烦躁打破了他们的心理平衡，心绪抑郁，使他们对生活缺乏信心，对前途失去希望，对处境无能为力。

了解自我，做好职业发展规划，提高职业技能，掌握就业信息，寻求心理辅导老师的帮助，能缓解职业发展和择业带来的心理困扰。

（二）心理障碍

大学生如果长时间情绪低落，精神萎靡不振或是出现一些不同于其他同学的情绪与行为表现，如临近考试就特别焦虑，总是发挥失常；学习上出现困难却并非因为不努力；上网时间越来越长，逐渐不受控制；出现一些典型症状，如害怕见人，害怕特定场合或人；明知没有必要却不能控制地重复行为或想法；连续两个星期以上失眠或嗜睡；人际交往中出现严重的问题等，自行疏解无效时，应及时向心理医生寻求帮助。常见的心理障碍有以下几种：

1.焦虑症

该症状以广泛和持续性焦虑或反复发作的惊恐不安为主要特征，常伴有头晕、胸闷、心悸、呼吸急促、口干、尿频、尿急、出汗、震颤等生理症状。并且，焦虑情绪并非由实际的威胁或危险所引起，他们的紧张不安和恐慌程度与现实处境很不相称。考试焦虑是大学生常见的焦虑表现。

2.强迫症

强迫症主要表现为自发的重复行为或想法，虽明知没有必要却无法控制，同时伴随痛苦的情绪体验，以至于影响正常的学习和生活。强迫症通常在青少年期发病。患者常常自己极其痛苦，却又不愿意让别人知道。严重的强迫症需要专业的治疗（包括服用精神类药物），有时暂时的休学甚至退学治疗也是有必要的。

3. 恐惧症

恐惧症主要表现为对某特殊物体、活动或情景产生持续的和不合理的恐惧,患者常不得不回避其害怕的对象或情景,恐惧时常伴有头晕、晕倒、心悸、心慌、出汗等生理现象。患者对恐惧的对象或情景极力回避,虽然知道这种恐惧是过分的或不必要的,但不能控制。在学校中对学生学习和生活影响比较大的是社交恐惧,当事人对与人或与某些人(比如异性)交往感到恐惧,但又希望能与之交往或不得不与之交往,所以为此烦恼不已。不过,恐惧症是心理治疗效果比较好的心理问题,及时找专业人士咨询或治疗往往会取得良好的效果。

4. 网络成瘾

网络成瘾是指由过度地使用网络所导致的一种慢性或周期性的着迷状态,并产生难以抗拒的再度使用的欲望。主要表现为:互联网使用成为生活的中心;不断增加上网时间以至于影响了正常的学习工作而不能自控;停止或减少互联网的使用会导致无聊、抑郁、气愤等负面情绪。网络成瘾者常常使用互联网来逃避现实问题,他们的人际关系、学习生活常常因此遭到破坏。严重的网络成瘾往往会导致当事人学习一落千丈,最后不得不退学,对于家庭贫困的学生及其家庭往往会造成很大的打击。

5. 饮食障碍

饮食障碍好发于女性,特别是12~18岁的女孩,30岁以后发病罕见。约1/3患者起病前轻度肥胖。以故意节制食量为主要症状,进食量远较常人少,或仅选择低能量食谱。部分病人在病程中不能耐受饥饿,而有阵发性贪食暴食相交替。患者通常体重减轻,较以往或常人低25%以上,严重者可达消瘦程度;极度担心发胖,常采用过度运动、致吐、导泻、服用食欲抑制药或利尿剂、藏匿或抛弃食物的方法减轻体重。严重者伴有营养不良、毛发呈脱发样、浮肿、低血压、低体温、心动过缓,可伴有强迫状及抑郁情绪。很多患有厌食症的学生拒绝承认有病,不愿意配合诊治,尤其是不承认体重过轻和进食过少是病态的,患者就诊的原因常为生理功能的紊乱。多数患者的社会、生活功能基本正常。有暴食现象的学生常常难以控制地进食,短时间内摄取大量食物,他们自感异常,心中有着难言的痛苦。

如果确认是饮食障碍,轻微的患者可以通过心理咨询处理,严重的患者最好去专业的医疗机构处理,因为严重的饮食障碍,如神经性厌食症,有可能因生理衰竭而死亡。所以,过度清瘦或短期内体重骤降的同学需要多加留意。

6. 神经衰弱

神经衰弱是一种常见的神经病症,患者常感脑力和体力不足,容易疲劳,工作效率低下,常伴有头疼、失眠等症状。该症状的主要表现有:①容易疲劳;②容易兴奋;③睡眠障碍;④情绪障碍;⑤紧张性疼痛和自主神经功能紊乱。心理调适或药物治疗是可以选择的改善方式。

(三)精神疾病

如果你发现你的同学长时间情绪低落,对正常的人际交往和生活失去兴趣,常常莫名其妙地哭泣,性格变得极其内向,或者出现幻觉和妄想,情感反应倒错、冷漠或是异常,言语中表现出思维混乱,建议尽快与老师联系,并建议同学及早去精神卫生机构诊断、治疗。

1.精神分裂症

精神分裂症的主要症状表现包括:①幻觉:包括幻听、幻视、幻嗅等,即对根本不存在的东西产生感知觉,同时对现实真相缺乏认识和辨别力。②妄想:编造事实,产生不真实的想法,比如无端怀疑别人要害自己、觉得自己是某个权威人物或与之有关系、无端认定某个异性喜欢自己等。对现实真相缺乏认识和辨别能力。③联想障碍:思维松弛(思维散漫)、破裂性思维、逻辑倒错性思维、思维中断、思维涌现(强制性思维)或思维内容贫乏及病理性象征性思维。④情感障碍:情感淡漠、迟钝、情感不协调(不恰当)及情感倒错或自笑(痴笑)。⑤意志活动减退:少动、孤僻、被动、退缩;社会适应能力差,社会功能下降;行为离奇,内向性;意向倒错等。对于精神分裂症患者,及时送精神卫生中心治疗是最佳对策。如果发现你的同学有以上症状,请及时联系辅导员或心理辅导老师。

2.抑郁症

抑郁症的主要症状包括抑郁心境,思维迟缓,言语动作减少。如果出现以下症状中的四条,并且症状持续两周以上,即被诊断为抑郁症:①兴趣丧失,无愉快感;②精力减退或疲乏感;③精神运动性迟滞或激越;④自我评价过低、自责,或有内疚感;⑤联想困难或自觉思考能力下降;⑥反复出现想死的念头或有自杀、自伤行为;⑦睡眠障碍,如失眠、早醒,或睡眠过多;⑧食欲降低或体重明显减退;⑨性欲减退。

据估计,抑郁自杀构成所有自杀的1/3~1/2。如果抑郁症严重,必须严加注意,以免自杀情况发生。对于抑郁症,心理治疗和药物治疗都会有帮助。

3.躁狂症

躁狂症的主要症状为情感高涨、思维奔逸、言语动作增多,病人表现出语量增多、语速加快、神情亢奋,但是情绪反应不稳定,可因细小琐事或意见而驳斥,因要求未被满足而暴跳如雷,可出现破坏或攻击行为,有些病人躁狂期也可出现短暂心情不佳。此外,联想过程明显加快,观念改变接踵而至,说话声大量多,滔滔不绝。因注意力分散,话题常随境转移,可出现观念飘忽、音联意联现象。病人常有“脑子开了窍”“变聪明了”“舌头跟思想赛跑”的体验;在心境高涨背景上,自我感觉良好;感到身体从未如此健康,精神从未如此充沛;才思敏捷,一目十行;往往过高评价自己的才智、地位,自命不凡,可出现夸大观念。对于躁狂症患者,及时送精神卫生中心治疗是最佳对策,及时的药物治疗会有很好的效果。如遇到此类情况,应及时告知辅导员,或寻求心理辅导老师的帮助。

二、大学生心理问题的本质及影响因素

大学时期是一个人一生中面临的第一个重大转折,这个阶段的心理问题,从本质上说,是身心发展不平衡的问题。其中影响青春期心理健康的主要因素有三个方面:

(一)生理因素

青春期时,生理发生着急剧的变化,性意识萌发并不断加强。这时青少年开始注意起自己的容貌、体格、姿态、语言,对自身的缺陷和弱点十分敏感,身体的残疾或某些缺点,如高矮、胖瘦、容貌端庄与否、青春痘、口吃等均可引起心理不平衡,滋生自卑羞怯、敏感妒忌、孤僻乖戾、恐惧焦虑等一系列心理问题或心理障碍。由于性发育和性意识的增强,对性的关注越来越多,同时也出现羞耻感、不安感。这种欲求和不安的矛盾不断激化,会成为青春期心理问题的因素之一。

(二)环境因素

涉及家庭、学校和社会三方面:(1)家庭方面。民主开放型的家庭,严松有度,其子女心理问题较少;严厉或溺爱型家庭,严松失度,其子女心理问题发生率较高。在家庭关系方面,诸如父母不和、离异、缺乏和谐友爱,都可造成青少年的不良心理。(2)学校方面。老师若教育方法简单粗暴,惩罚挖苦学生,会严重挫伤学生的自尊心,使其变得冷漠对抗、自暴自弃。校风、班风不正均可影响大学生的心理健康。(3)社会方面。社会的不良风气,腐朽的意识观念,黄色淫秽书刊、传媒,毒品的诱惑等均有不良的诱导作用,使大学生产生高度紧张、焦虑、消极颓废等心理。

(三)学习压力

繁重的学习压力会使那些基础欠佳、学习松散、学习方法不当的学生产生适应不良,日久易出现心理失调,产生“破罐子破摔”的思想和行为。

三、大学生心理问题的疏导

大学生自我意识尚未成熟，可塑性大，可接受性强，若能给予恰当的带有启蒙性、准备性、基础性的引导和帮助，大学生的行为能力就会迅速发展起来，并产生长久的影响，乃至影响其一生。

（一）克服学习中的自卑心理

所谓学习中的自卑心理就是一个人对自己的智力、学习能力及学习水平做出了偏低的评价，总觉得自己不如别人，悲观失望、丧失信心等。 造成学生学习中自卑心理的原因，主要有以下三种：第一种，对自己认识不足，过低估计自己。有学习自卑感的学生大部分性格内向、感情脆弱、多愁善感，而又大多数愿意接受别人的低评价而不愿意接受别人的高评价，易拿自己的短处比别人的长处，因而觉得自己不如别人，越比越泄气，就会产生自卑感。第二种，消极的自我暗示抑制了自信心。青少年特别注意自己与别人的关系以及别人对自己的评价，因而自我意识和自尊心比较强，表现为多思善虑，感性多疑。性格内向的人因自我认识不足，常常觉得“我不行”，由于事先有这种消极心理的暗示，就会抑制自信心，增加心理压力，在学习中缩手缩脚，处于消极防范的紧张状态中，唯恐当众出丑。第三种，挫折的影响。有的同学经过几次考试失败后，就觉得自己是个“低能儿”，特别是对学得差的学科，一提考试就胆战心惊，垂头丧气。自卑是一种性格上的缺点，是一种消极的心理状态，是继续学习和实现理想的心理障碍，易使人们在困难面前不战而败，严重者甚至会颓废、落伍、心态扭曲，危害很大。

但自卑心理并不是不可以改变的，只要对症下“药”就会“药到病除”。首先，正确估计自己，培养自信心理。造成自卑感的一个重要原因就是对自己认识不足，过低估计自己，因而要克服自卑心理，就要先解决思想认识问题，尺有所短，寸有所长，每个人都有长处和短处，因而我们要学会全面地、辩证地看待自己。有自卑心理的大学生，既要正视自己的短处，也要挖掘自己的长处，发挥自己的长处，扬长补短，以提高自信心，提高自我评价，克服自卑感。其次，与自己较劲，选准突破口，获得一次成功。自卑者的一个口头禅是“我不行”，要克服自卑感就要避免这种消极的自我暗示，要给自己鼓劲。在导致自卑的问题上选一个突破口，获得成功的心理体验是成功消除自卑感的重要手段。最后，最重要的是积极补偿，以勤补拙。所谓补偿就是发挥自己的长处，弥补自己的短处，以消除烦恼和痛苦的情绪。数学家华罗庚说：“勤能补拙是良训，一分辛苦一分才。”大部分人与人之间的智力差别不是很大的，勤奋才是成才的必要条件。因而，有些自认为智力差的人,为了使自己的成绩达到别人同样的水平,就应付出比别人更多的劳动来“补偿”自己先天的不足。

(二)促进人际交往

人际关系是人们社会生活中的重要内容之一,人际关系状况与人们的心理健康密切相关,而青春期人际关系问题尤其令人关注。青春期人际关系常见情况有:在与他人接触时回避与畏惧,明知没有必要,但仍然不能防止焦虑的出现,并伴有一定的自主神经症状(紧张、心慌、出汗等);在公共场合与他人接触时怕与他人目光对视,或怕在人群中被人审视等;或者由于成长中的烦恼、害羞心理及社会交往经验的不足,有一定的自卑感或自我评价低以及害怕被人批评否定等,如有的青少年会对自己的外形长相不满意,认为自己家在农村,父母没有文化,经济条件不好,说话时脸红,感到自己什么都不如别人等。

1.积极地参加社交活动和集体活动

因为社交活动和集体活动是最普遍的社会实践,在这些实践活动中,无论是组织实施,或是与人的接触、交谈、合作,都可以增长见识、积累经验、增强才干、提高胆量和信心,逐渐改变孤僻等不良性格,缓解活动能力增强与知识、经验不足的心理矛盾。

2.多与人交往

只有与人接触、交谈和相互了解,才会萌发感情和建立友谊,才能找到知己。当人全身心地投入集体活动中时,朋友的友情,集体的温暖,娱乐的兴奋,会令人忘却生活中的烦恼、压力,也减少了不安全感和孤独感,不仅有利于身心放松,更会因此建立情绪的良性循环,促进心理健康。

3.增强人际交往技巧

人际交往中的技巧也很重要,它可以帮助自己缩短与别人之间的距离。第一,需要有自知之明。例如在期末评三好学生时,有些人只看到自己的成绩和别人的不足,却看不到自己的缺点和别人的成绩,因而一旦自己评不上,便埋怨学生干部和老师,责怪同学与好友,或疏远他们,或心情烦躁、易激动而与人争吵,影响人际关系。所以,每一个人都应当经常正视自己的长处和短处,自觉地调整好个人行为与社会要求之间的关系,做到“己所不欲,勿施于人”“己之所欲,勿损于人”,才可能建立好的人际关系。第二,要观察和体会别人的需要。由于动机的不同和兴趣爱好的差异,你喜欢的别人可能厌恶,你厌恶的别人偏喜欢。因此,在人际交往中,若能多站到对方的位置上,设身处地替别人想想,将心比心,可减少许多误会和冲突。第三,要尊重和信任他人。在交往中,只有尊重和信任他人的人,才能赢得别人的尊重和信任,成为受欢迎的人。反之,骄傲自大,目中无人，或对人疑心重重，是无法与人处好关系的。要做到这点，最容易的方法是学会做"忠实的听众"，因为认真聆听别人讲话，是对别人最起码的尊重，能耐心地听人说话的人，也往往是个受欢迎的人。第四，不要过分注意别人对自己的评价。不少人害羞、怕与人交往、畏惧参加集体活动，其内心活动就是怕自己做不好，怕别人笑话，因而以回避与人交往的方式来保护自己的"自尊"。实际上，人无完人，即使同一件事，不同的人有不同的看法。所以，从伟人到平民，每一个人都会受到别人或好或坏、或褒或贬的评价，而且，多数情况下，人们喜欢评价别人的不足之处，也由此，不少人就被别人的口水活活淹死了。因此，对别人的评价自己要有主见，既不为别人的赞扬而过分欢喜，也不为别人的贬低而焦躁不安，甚至心灰意冷，而要做到"有则改之，无则加勉"，坦然处之。第五，为人要光明磊落，不背后议论人，不搬弄是非，使别人感到你可信、可亲、可靠、可敬。

（三）正视理想与现实的矛盾

大学生大多有远大的理想，对未来充满幻想和希望，对一些具体事情，如读书、工作、婚姻等方面，常会对自己设计一番，然而最终能否实现却受到诸多现实条件的限制。因此，大学生应很好地认识理想与现实之间的矛盾，承认它、接受它。要知道光明的前途中总是布满了坎坷的，人的一生，挫折和冲突是无法回避的。遇到此情此景，千万不要钻牛角尖，要坚信胜利总要来到。

乐观是大学生保持情绪健康的金钥匙。大学生要自觉地磨炼自己，培养坚强的意志和良好的心理素质，学会控制情绪，养成理性行动的习惯。即便理想与现实发生冲突时，大学生也要保持平衡的心。

（四）丰富业余生活

大学生在青春期会面临许多矛盾和不顺心，会产生心理压力，排除这些心理压力的一个好办法是丰富精神文化生活，陶冶情操，培养豁达的心胸，增加兴趣范围，如利用闲暇时间，开展一些有益的文娱活动，如唱歌、跳舞、下棋等。这样可以增添他们的活力和情趣，使他们的生活充实丰富、生机勃勃。若能拥有一项或多项自己有兴趣而又擅长的爱好，那是再好不过了。如有人能写一手好字，或打得一手好乒乓球，这无疑会给他们的人生增添无穷的乐趣，也利于其建立自信，增强社会适应能力。

另外，利用业余时间读自己喜欢的书籍、报刊，以读书为乐，既可以排遣烦忧、愉悦心情，又可以获取知识、增长智慧、启迪思想，有利于身心健康。

（五）做情绪的主人

情绪状态是一个人心理健康的晴雨表。学会调节和控制自己的情绪，可以从以下几点着手。

1. 培养乐观的生活态度

无论遇到什么困难和挫折，都要以乐观、积极的态度去面对，相信问题总会有办法解决的，从而勇敢地面对现实，努力进取，永不失望，对前途充满信心。持这样乐观态度的大学生往往会产生积极情绪。

2. 合理地疏导积存在心中的不良情绪

比如，可以向知心朋友倾诉自己的苦恼和忧伤等。这样做，有助于消除心中的烦恼、压抑，从而达到心平气和。这种疏导对心理健康是有益的。

3. 善于理智地控制自己

青少年的种种要求和愿望，都应符合社会道德和规范，否则就要用理智打消这种念头，不能苛求社会与他人满足自己的一切愿望。这样做对维持心理平衡，培养健康情绪有好处。

（六）悦纳自我

一个人的魅力，并不只在于外表，更重要的是在于他所透露出来的青春阳光的个性、由内而发的自信。因此，在交往中，有没有令人艳羡的外貌并不是最重要的，最重要的是你能不能接纳自己的现状，充满朝气、充满信心地去追求自己的梦想。

总之，大学是人生中极为重要的阶段，大学生具有很大的可塑性。大学生要培养和发扬优点，促进心理健康，顺利健康地度过青春期，身心健康地成长。

本章小结

1. 大学生心理健康的标准:(1)了解自我,悦纳自我;(2)接受他人,善与人处;(3)正视现实,接受现实;(4)热爱生活,乐于工作;(5)能适当地表现情绪;(6)人格完整和谐;(7)智力正常,智商在80以上;(8)心理行为符合年龄特征。

2. 影响大学生心理健康的因素来自生物、心理、社会文化等多个方面,大学生心理健康的维护也需要引起学生、家庭与社会的关注。

3. 大学生维护心理健康的途径有:(1)坚持健康、文明的生活方式;(2)培养和完善人格;(3)投身社会实践,扩大人际交往,建立广泛的社会支持系统。

4. 大学生常见的心理问题涉及适应性问题(新生不适应、情感问题、人际交往问题、学业问题、职业发展和择业问题),心理障碍(焦虑症、强迫症、恐惧症、网络成瘾、饮食障碍、神经衰弱),精神疾病(精神分裂症、抑郁症、躁狂症)

5. 疏导大学生的心理问题主要从以下几个方面进行:(1)克服学习中的自卑心理;(2)促进人际交往;(3)正视理想与现实的矛盾;(4)丰富业余生活;(5)做情绪的主人;(6)悦纳自我。

【思考题】

1. 什么是心理健康?
2. 大学生心理健康的标准有什么?
3. 大学生常见的心理问题有哪些?
4. 大学生如何自我疏导心理问题?

CHAPTER 5

第五章

敬畏生命的珍贵：大学生生命意识教育

第一节 由“死”观“生”:“死亡”之本质与人之生命的三重性

“夫天地者,万物之逆旅也;光阴者,百代之过客也。”以此观之,人生亦是一段旅途,世人莫不行在途中。生与死,便是这段旅途的起点和终点。“生存,还是死亡,这是个问题。”这是哈姆雷特的问题,亦是古今世人的问题。有史以来,人类便在追问生命与死亡本质的漫漫长路上,上下求索。

一、“死亡”的本质

地球生命经过数十亿年的进化,直至人类的出现,恰如自混沌而初见清明。对于万物之灵的人类,死亡是一个绕不开的问题。对他人死亡的见知,刺激着人的死亡意识的萌发。人为什么会死?死亡痛苦吗?死后的世界是怎样的?我能不能不死?我们可以从哲学和科学的角度来认知死亡。

(一)死亡的哲学认知

死亡问题是哲学研究的一个核心问题。死亡成为人所思考的问题,同人类本身一样古老。而对死亡问题做哲学的思考,把它作为一个哲学问题,也几乎和哲学本身同时开始。不同于宗教把死亡神秘化,哲学研究者对于死亡的思考是理性而深刻的,它提供给我们一种生死智慧。虽然各个死亡理论是基于哲学家自身的人生理解和生活体验得来的,但了解不同的死亡观点,对个人思考生死问题、确立人生态度具有重要价值。这些思考和认知,最终形成了一个死亡哲学的理论体系。

对于哲学家而言,死是一种不可避免的现象,不仅是人的一种现象,而且是整个生命世界的现象,世上没有不死的生物。死亡并不是一种特殊的不可认识的东西。

哲学家对死亡的认识是从对死亡本质的追问开始的。在大多数哲学家看来,死亡的本质问题并不是一个无须追问的不成问题的问题,而是一个不仅需要追问和探究,而且也是一个极难穷究的问题。可以说,死亡哲学从一开始起就是从这一追问和探究生发出来的。古希腊哲学家赫拉克利特说"死亡就是我们醒时所看见的一切",毕达哥拉斯说"死亡是灵魂暂时的解脱",德谟克利特说"死亡是自然之身的解体",柏拉图说"死亡是灵魂从身体的开释"。他们所思考、所阐述的都是死亡的本质问题。这些思考不限于死亡现象本身,更多的还在于现象背后的本体,在于其背后形而上学的基础。哲学界对世界本体的认识,有二元和一元之别,唯心和唯物之别。二元论认为,存在两种独立的,不可通约的实体,如观念的精神世界和可见的物质世界,如人之肉体与灵魂。而一元论则认为世界只有一个本源实体,或为精神的,或为物质的。认为世界本源是精神的,被称为唯心主义。他们认为物质世界是由精神世界决定的,精神世界是根本。如人的肉体之于灵魂,灵魂才是根本。认为世界本源是物质的,被称为唯物主义。他们认为精神世界是由物质世界决定的,物质世界是根本。如人的灵魂之于肉体,肉体才是根本。

哲学家们除了关注客观世界的生命的死亡以外,还关注意义世界的生命的死亡现象,包括个人意义和社会意义。所谓个人意义世界的死亡,便是我们常说的"哀莫大于心死"。而社会意义上的死亡是指一个人在社会意义上的消失,就像电影《寻梦环游记》里曾说过,"人生的终点不是死亡,而是遗忘"。

(二)死亡的科学认知

科学经历了漫长而曲折的岁月,直至近代,才开始快速成长,到现代形成了完善的科学体系。如果用科学的眼光看待死亡,那么我们在讨论死亡时,既没有灵魂不朽的基督信仰,也没有死而复生的轮回学说,死亡意味着永恒地归于虚无。

科学对死亡的认知也是在不断地成长、成熟和完善的,集中体现在医学对死亡判断标准的发展变化上。最早对于死亡的认识是建立在经验基础之上的,多以心跳与否、是否呼吸为标准。后来随着科学的进步,人们开始以心脏停止跳动、自主呼吸消失、血压为零作为死亡的标准。这就是所谓的心死亡。

随着科学技术的发展,心死亡的标准受到了挑战。在心脏停止跳动后的一定时间内,医生可以通过人工呼吸、电除颤仪等心肺复苏措施加以激活,甚至现在已经可以利用机械心脏代替已经死去的心脏。这就说明心脏停止跳动并不是死亡的最后界限。它只能说明我们所熟悉的生命现象的停止,即呼吸、心跳、动作等。于是医学界提出了脑死亡的概念。

众所周知,脑是机体的统帅,是人类生存不可缺少的器官。一旦脑的功能永久性停止,个体的一生也就终结。所谓脑死亡,就是从医学上判定脑干或脑干以上中枢神经系统永久性丧失功能,并以此为参照系宣布死亡。脑死亡不可逆,也无法移植大脑。有英国学者对 1036 名判定为脑死亡逝者的研究报告显示,这些逝者虽全力救治也无一人生还。

脑死亡标准是社会文明化标志，各国脑死亡诊断标准并不统一。1968年，美国哈佛医学院特设委员会发表报告，把死亡定义为不可逆的昏迷或“脑死”，并提出4条判别标准，发表在《美国医学协会期刊》上：

（1）没有感受性的反应力。对外界的刺激和内在的需要全然不知，而且完全没有反应。

（2）没有任何动作或呼吸作用。医生必须观察1 h以上，以判断病人是否已不具有任何自发性的肌肉动作、自发性的呼吸作用，以及对任何痛苦、触碰、声音、光线等刺激，已不会产生任何反应。

（3）没有任何反射作用。病人因中枢神经系统的活动已经停止，而进入永久性昏迷状态的证据之一是，病人缺乏反射作用。瞳孔固定而且扩散，并且对直射的强光没有反应。

（4）脑波电位记录图呈现水平状态。脑波电位记录图水平或相等电位状态，是一个非常重要的证据。但是先决条件是，所使用的电击必须恰当，仪器的功能必须正常，操作人员必须胜任。

“哈佛标准”发表后，认同度比较高，被多数国家和地区直接或轻微修改后采用。

2013—2014年，国家卫生健康委员会（原国家卫生和计划生育委员会）脑损伤质控评价中心（简称“中心”）推出中国《脑死亡判定标准与技术规范（成人、儿童）（中文、英文）》，从此中国有了自己的行业标准。2018年，为了相关工作更加科学、严谨，更加具有可操作性和安全性，国家卫生健康委员会脑损伤质控评价中心以5年临床实践为基础，以病例质控分析结果为依据，以专家委员会、技术委员会和咨询委员会意见为参考，修改完善并推出《中国成人脑死亡判定标准与操作规范（第二版）》。

当然，这些新标准虽然具有一定的革命性，却也并不是尽善尽美。人类对于死亡的认识，一直是各学科综合研究的成果，随着科学的发展、技术的进步，人们对于死亡的认知也会越来越全面和深化。

二、人之生命的三重性

思考死亡的出发点和落脚点不在于“死”，而在于“生”。如果抽离了生命的意义，死亡也就没有任何意义可言。死亡之所以是人类存在的一个极其重要的问题，无非是因为它加入了我们对生命意义的探索。关于死亡的一切探索和思考，都反映着我们对生命意义的探索和思考。由死观生，通过死亡彰显生命价值，方显生命之珍贵。

那么，生命是什么？是蛋白质存在的一种形式，是生物体系统维持基本功能的自然属性的表达形式,是作为一种生物在世间的存续过程。人的生命与其他的生命有很大不同,其他生命只有自然生命,而人不但有自然生命,还有社会生命和精神生命。人是三重生命的统一体。

(一)自然生命

人作为自然界长期发展的结果,具有其他自然生命所具有的一切自然特征。并且,人的自然特征相较于其他自然生命而言,更加复杂和完善。因为,人的生命的形成,比其他的生命经历了更为漫长的时间。

自然的生理性的肉体生命是人存在的物质载体和本能性的存在方式,是最基本的生命尺度。人的生命首先是一个生物、生理性的存在,它的生长和发展就必然要服从生物界的法则和规律,符合生物学界对生命的基本定义,具备生命的基本特征即执行某些功能活动,包括代谢、生长、生殖以及某些类型的应答性和适应。

人类的肉体由活细胞和细胞外物质构成,并结合成组织、器官和系统。人体的每个细胞皆能生长、代谢和对刺激做出应答,除少量细胞外还能繁殖。人体有四大基本组织:上皮组织、肌肉组织、神经组织、结缔组织。结缔组织用以连接各种人体组织结构,组织构成器官。人体共有八个主要系统:造血系统、肌肉骨骼系统、呼吸系统、循环系统、消化系统、神经系统、内分泌及代谢系统、泌尿生殖系统。

从化学成分上讲,人体主要成分是水和有机化合物,如脂质、蛋白质、碳水化合物和核酸。 水存在于细胞外液(如血浆、淋巴液、间质液)和细胞内,约占人体总重的60%,为生物化学反应不可或缺的溶媒。脂质主要包括脂肪、磷脂及类固醇等。脂肪贮存能量,而脂垫有绝缘和吸覆的功能。磷脂和胆固醇是细胞膜的主要成分。同脂质一样,蛋白质也是细胞膜的重要成分。毛发、指(趾)甲以及构成皮肤、骨骼、腱和韧带的胶原也含有蛋白质。蛋白质亦完成人体许多功能,如酶,能催化生命必需的生化反应。碳水化合物的主要存在形式为贮存于肝脏和肌肉中的糖原和血液中的单糖,主要提供能量来源。少量碳水化合物亦见于细胞膜;与植物和许多无脊椎动物相比,人体内结构性碳水化合物成分并不多。核酸构成遗传物质。脱氧核糖核酸(DNA)携带遗传密码,DNA从亲代传至后代,决定每个人的遗传特征。核糖核酸(RNA)有好几种,在遗传密码翻译过程中起作用。此外,人体还含有各种无机矿物质,主要的如钙、碘、钠、镁和铁。骨骼大部分由磷酸钙晶体组成。血液和间质液里也有钙、钠离子。细胞间液里则多磷、钾和镁离子。在人体代谢过程中这些离子起重要作用。铁质主要存在于运送氧气的血红蛋白内。其他矿物质,如钴、铜、碘、锰和锌,在人体内含量极微但不可或缺。

现代科学发现,自然界中的物质元素共有一百多种。而人体便是由这一百多种元素中的60多种组成的。这说明人体不是独立于自然世界之外的存在,就是自然世界之一分子。人之自然生命也会如自然界的其他生命一般，生长、成熟、衰落，最终走向死亡。唯其如此，更显人之自然生命的可贵。

（二）社会生命

就像电影《寻梦环游记》里曾说过，“人生的终点不是死亡，而是遗忘”。这里的死亡当然是指其自然生命的死亡，而被遗忘，指的就是其社会生命之结束。

马克思认为：“人是最名副其实的社会动物，不仅是一种合群的动物，而且是只有在社会中才能独立的动物。”“人在本质上是一切社会关系的总和”。人是社会的人，社会是人得以存在和发展的前提条件。决定人的本质的不是人的自然属性而是人的社会属性。人的社会属性就是人的社会关系及表现着人的社会关系的社会意识和社会活动的属性。人的社会生命就是人对他人和整个社会的作用和承受他人和社会的作用的延续。

人的社会生命是基于人的个体之间的交往而形成的。集中体现个体与个体，以及个体与群体的关系。在跟人的交往过程中，种种社会关系形成了。在这些社会关系中，我们拥有了不同身份。我们是父母的子女，是老师的学生，是他人的朋友，将来走进社会了，还会是公司的职员，是领导的下属……在处理不同的社会事务时，我们有着不同的社会身份，这种社会身份也会随着事态的发展而发生改变。将来我们也许会成为孩子的父母，学生的老师，公司的老板或者别人的领导。这种社会关系体现在家庭和学校中，体现在单位和朋友圈，体现在国家和社会中。它附着个体作为社会人的权利和义务，承载着人对人以及个人对社会的作用或者反作用。这种作用或者反作用力推动着这个社会变动不居、向前发展。

人的社会生命是基于人的自然生命而存在的，但不受自然生命的限制。有的人虽然自然生命依旧存活，却避居人群之外，或虽处社会之中，却于社会无所作为，亦被社会所无视，则其社会生命已然止息。另外一种人则相反，虽然他们的自然生命已经结束，但其对这个社会的影响依然延续着。从这个意义上讲，他们的生命是不朽的。古之所谓“立德、立功、立言”三不朽者，今人所谓“有的人死了，他还活着”，就是这个意思。比如说，古之大思想家老子、孔子、苏格拉底、亚里士多德等，其人虽已过世数千载，但其思想流传至今，依然对这个社会起着很大的作用。他们的社会生命，依然活着。

（三）精神生命

人的精神生命的存在是以其自然生命和社会生命为基础的。人的自然生命基础提供了人的认识能力，而自然界和社会则为人提供了认识对象。在人的生命过程中，人不断地去认识世界、认识社会、认识自身。人的精神生命正是基于人对自然、社会和自身的认知而产生,是理性、情感、意志相互作用构成的人的内在生命,是人的知、情、意的统一。

理性指的是人的智商,是人智力方面的体现。人的理性存在于人们追求真、善、美的过程中,它的表现形式分为认知理性、价值理性和审美理性。认知理性以求真为目的,追求对于外在世界和人类自身的普遍必然性的认识。价值理性以求善为目的,追求的是人生的奋斗目标、思想道德要求达到的境界。审美理性同认知理性、价值理性相互渗透、相互促进,统一体现在人的实践活动当中,把人的活动同动物的活动区别开来。动物只是按照它所属的那个种的尺度和需要来建造,而人懂得按照任何一个种的尺度来进行生产,并且懂得处处都把内在的尺度运用于对象,因此,人也按照美的规律来建造。人的理性并非纯粹的理性,人的理性中渗透着意志和情感,人是在意志和情感的驱动下进行具体的理性活动。

情感是人对客观事物是否符合自己需要而产生的态度体验和感受。情感要以认知为基础和前提,有所知,才能有所感。情感又是意志的前提和条件。只有当人产生了一定的情感体验,才能激起人相应的意志活动。情感对于人的生命活动起促进或抑制作用。一般而言,凡是能满足需要或能促进需要得到满足的事物,便能引起积极的情绪状态,促使主体积极地行动;凡是不能满足需要或者妨碍需要得到满足的事物,便会引起消极的情绪状态,抑制主体的行动。情感是人的精神动力,具有重要作用,但情感又是非理性的,需要理性和意志的指导和控制。

意志是人们确定目的、目标,并根据目的、目标支配和调节行为,并克服各种障碍达到预期目的、目标的心理过程。意志在人的生命中具有重要作用。没有意志,人的活动就失去方向,稍遇挫折便心灰意冷,一蹶不振。反之,如果一个人有了"有目的的意志",就能够按照目标去追求,矢志不渝,锲而不舍。意志作为精神生命的构成因素之一,受到理性和情感的制约和影响。理性用于协助、引导意志确定目的和实现目的,情感则激励意志,是意志活动的内驱力。反过来,意志又支配、调节和发动或制止理性活动或情感活动,推动理性不断深化,控制情感向健康的、预定的目标发展。

精神生命是一个意义世界,仅以观念的形式存在于人的意识世界,故具有内在性。精神生命虽然来源于现实世界,却又不为现实世界所限制,是高于现实世界的,故具有超越性。人的生命便是精神生命的内在超越性与自然生命、社会生命的外在现实性的统一。人的自然生命、社会生命、精神生命三重属性是依次推进,并且相互影响,相互促进的。其中,自然生命是基础,离开了自然生命就不会有人,更谈不上人的生命和社会;离开精神生命的生命不是人的生命;没有社会,人就无法生存,即使获得自然生命和精神生命,也会得而复失。

第二节
问“死”求“生”:大学生非正常死亡现象及预防

一、大学生非正常死亡现象及类别

所谓“非正常死亡”主要指的是由于他杀、自杀、自然灾害以及其他意外事故等原因所导致个体生命终结的死亡现象。非正常死亡具有不可预测性、突发性、危害性较大等特征。人最宝贵的是生命,生命对于每个人来说,都只有一次。然而,在高等院校中,却不时地上演自残、自杀和伤害他人生命的悲剧。

2019年10月28日,福州一名大四女生吞下了200多颗晕车药致脑死亡状态。

2019年11月,浙江女大学生施某与男友杜某当街争吵后死亡。

……

如此事件,令人唏嘘不已,匪夷所思。

有学者以国内部分重点高校2006—2010年五年间非正常死亡学生为样本做过分析研究。据统计,五年间这些高校非正常死亡共计475人(数据统计不含这些高校非正常死亡的留学生、自考生、成教生和独立学院的学生)。几乎每十万个大学生中就有5个非正常死亡。根据其死亡诱因,大概可以分为以下几类:

(1)自我伤害死亡。在大学生学习和生活过程中,自我伤害属于较为常见的一种死亡类型。学生出现的自我伤害情况通常包括卧轨、服毒和跳楼等。与此同时,大学生的自我伤害,不仅影响学业和就业,而且还会造成精神疾病或者心理障碍等,需要高校和家长引起重视。

(2)刑事犯罪死亡。就高校大学生而言,其社交范围并非局限在校园内,他们同时还会参与校外相关社交活动等。基于此,社会出现刑事犯罪案件时,还可能与高校大学生有关,例如:男学生饮酒后因斗气而和社会青年产生冲突;男女学生谈恋爱过程中由于感情纠葛所导致的情杀等。

(3)意外事故死亡。当学生进行日常学习和生活时,由于自然灾害或交通事故等所引发的安全事故,均属于非正常死亡事件。如果学生的安全意识比较薄弱,同时缺少自救自护知识和技能,学生的生命安全会受到威胁。

(4)未知原因死亡。高校大学生非正常死亡事件的频繁发生,不仅给部分家庭带来了致命的打击,严重的情况下还会影响到校园和社会的稳定。

二、大学生非正常死亡原因分析

多年来,大学生非正常死亡现象引发了越来越多的关注,相关人员也对其背后的原因做了揭示。研究发现,导致这些非正常死亡现象的原因是多方面的。归根结底,可以分成以下几个方面:

(一)外部原因(客观原因)

1.学业压力大

一般来说,学业的压力可以分为两个方面:一是内源性的,即大学生个体对自身的学习目标、任务完成情况的评价和期望等;二是外源性的,即家人的期望、与同学的对比以及一切学习和学业活动中超过学生应对资源的刺激,都可能成为学业压力源。

2.就业压力大

就业压力是随着我国经济的发展而出现的一个新名词,与之相应的大学生就业压力是我国“自主择业”就业体制的特有产物。它指大学生在就业情境中许多内外在变量与个人因素交互作用所产生的心理紧张现象。随着扩招后高校毕业生人数的连年增长,大学毕业生找工作难是个普遍问题。择业过程中遇到工作单位不如意、自己缺乏经验、单位企业更重视工作经验等都给临近毕业的大学生造成巨大的压力。尤其对于大四学生来说,他们即将走向社会,奔赴工作岗位,同时他们又处在“大四毕业综合征”的气氛中,呈现出迷茫、困惑、焦虑、不安、沮丧等各种心理状态。

3.情感压力大

大学生正处于青春期,生理机能已经成熟,逐渐产生了恋爱的需求,但是如果在这个问题上处理不当,就会直接影响心理健康及学习和生活。此外,大学生要独立安排自己的生活,要处理自己学习、生活、人际等方面的问题,而且人际关系比高中要复杂得多,要求学生学会与各种类型的人交往,逐步走向社会化,容易使一些性格内向、各方面平平的学生产生心理失落和自卑感。

4.社会压力大

随着经济的发展，目前我国正处于改革期，社会不公平现象仍然存在。大学生远离父母的居多，独立性差，会出现诸多的心理不适，容易引发思想、行为方面的问题。

5.家庭压力大

通过调查研究发现，家庭及外界环境的不利影响也会成为诱发大学生心理失衡的因素。例如家长只注重抓子女的学习成绩，往往忽略了子女德育和心理素质的培养锻炼，造成一些大学生智育与德育、心理发展的不平衡，特殊家庭的大学生在这一点儿上比较明显。部分父母常年在外打工，加之父母的文化程度都较低，很难及时了解已成为都市大学生的子女内心的真实感受；部分父母因常年经商，他们只注重物质上的给予，很少跟自己的子女有情感上的交流。这些大学生感受不到家庭的温暖，从而导致其心理上存在缺陷。其他诸如单亲家庭环境、不当的家庭教育方式等因素，很容易使心理脆弱的大学生产生心理扭曲、人格缺陷与人格障碍，久而久之他们会在外界压力和内心空虚的不断冲击下迷失方向，最终导致悲剧发生。与此相反，独生子女家庭长大的学生，因为长期受到父母长辈的呵护，导致其独立处理问题的能力弱化，也可能导致悲剧的发生。

（二）自身原因（主观原因）

1.生命意识淡薄

人的生命的产生本身就是一个奇迹，生命的存在就足以构成我们热爱和珍惜它的理由。但在当代大学生中普遍存在着漠视生命的现象。如同学之间、师生之间不能正常交往、和谐相处，无视学校规定、社会规范，学生之间打架斗殴等都在一定程度上反映了大学生不尊重自己和他人生命，不能理解生命存在的意义。有些大学生非常爱惜自己，但却看不起别人，对别人不屑一顾。表面上看，是很热爱生命，其实是漠视生命。个体生命的存在与他人生命的存在互为前提和条件，漠视他人的生命也就是漠视自己的生命。漠视生命，也必然会带来个人情感经验的缺失，造成人格的扭曲和人性的缺陷，严重的甚至会发展到采取极端的方式去否定生命，出现自我伤害或伤害他人的现象。

2.责任意识淡薄

目前，大部分当代大学生都有着责任意识淡薄的现象，这种现象随着我国政治、经济、文化的变化，和各种价值观带来的社会影响而出现，主要表现为物质、自私和不愿承担责任等。

随着我国经济的不断发展，人们普遍过着较富裕的生活，因而产生了过度追求物质生活的现象。一些大学生中存在攀比和从众现象，他们不顾家里实际经济情况，一味地追求名牌，将一个人吃、穿、用的好坏作为评判一个人好坏的标准。还有少部分大学生一切向“钱”看，为了金钱可以放弃对学业、事业和做人的追求。对物质生活的错误追求，使他们迷失了前进的方向。

现在有非常多的大学生将个人利益放在最前面，对自己处于社会中的角色没有清晰的认识，导致责任心缺失。大学生在自我认知方面存在缺陷，由于大部分大学生从小生活在一个优越的环境中，过着顺心的生活，不太会为他人考虑，也不懂得主动承担责任。他们过度追求自我价值和人身自由，弱化了对国家、民族、社会的责任，当个人利益和群体利益发生冲突时，往往以自我为中心，关注个人利益，缺乏奉献精神。

3. 法治观念缺失

当前很多大学生思想比较陈旧，依旧以学生时代的思维方式进行思考，认为法律和自己的日常生活无关，对于生活和学习中出现的各种法律问题都视而不见，法治观念缺失，主要体现在三个方面：

一是法律意识淡薄，不能用合法手段维护自身权益。当今众多大学生对现实持怀疑、不信任态度，认为法律在现实中的作用不大，当自身合法权益受到侵害时，不能积极主动地运用法律武器维护自身合法权益，时常自己默默承受或通过“关系”解决问题，严重时还可能会用武力替自己讨回“公道”，从而触犯法律，导致违法犯罪行为的产生。

二是对于当前国家的法律法规认识不够。除了法学院的学生对于当前国家的各类法律理论知识掌握比较好之外，很多其他学院的学生对于法律基本知识掌握并不到位。例如：对于宪法的相关规定并不了解，对于当前很多和我们息息相关的法律法规也不是很清楚。这样一来就容易导致学生对于法律法规认识不到位，对于生活中出现的法律问题也不知道如何处理。法律法规其实和每个大学生都息息相关，如果大学生在大学期间适当学习法律法规，自然对生活和以后的工作都非常有帮助。

三是大学生在日常生活中对法律的认识不到位。据不完全统计，超过80%的大学生认为法律法规问题和他们无关，认为法律问题就是单纯的违法问题。这种思想是错误的。法律法规的遵守和单纯的不违法并不是同一个概念。大学生的日常生活和学习与法律法规是息息相关的，例如日常生活中遇到的问题需要进行维权等。

4. 行为能力不足

（1）适应社会环境的能力不足。大学生正处在世界观、人生观和价值观形成的关键时期，社会又正处于转型时期，利益关系在调整，生活方式在改变，社会组织形式、就业方式多样化，国内外各种思想文化互相激荡，网络文化影响越来越大，人们的思想观念正在产生深刻的变化。这些问题给学生带来力所不及的阻碍或困难。

（2）抵抗挫折、压力的能力不足。当代大学生大都是独生子女，很少经历什么重大的人生苦难与挫折，所以他们抵抗挫折、压力的能力很差，呈现出较弱的抗压力和较差的心理素质，一旦遭遇什么失败、挫折、失意和不幸，比较容易被挫伤，无所适从。他们不知道该如何应对因感情受挫、学业压力大、生活负担重、求职失败、家庭不良因素、人际关系紧张等产生的消极影响。

（3）处置人际关系的能力不足。大学就像一个社区，是学生从家庭、学校向社会过渡的场所，虽然仍然是一所学校，却完全开放，与社会相通。大学以前，在父母和老师的呵护下，学生的学习和生活内容有相当一部分已经由父母或老师安排好，学生的人际交往也在一定程度上受到了制约。进入大学以后，老师对学生的约束力减弱，父母也不在孩子身边。学生的人际交往范围也从家庭、学校拓展到了社会。面对更加复杂的社交局面，大学生处理人际关系的能力不足，不能应付自如。

（4）自我管理控制的能力不足。在情绪管控上，个别大学生表现出明显的控制力不足，表现出抑郁、焦虑、愤怒、恐惧等负面情绪。抑郁时，情绪低落、悲观、绝望、冷漠，甚至会影响到身体健康，严重时会有自杀的念头；焦虑时，紧张不安、担心、恐惧、自我怀疑；愤怒时，情绪的积累和爆发，影响人的理智和判断；恐惧时，感到强烈的压抑，神情高度紧张，注意力无法集中，影响正常行为和判断。在行为管控上，个别大学生明显地表现出较差的自控力，在自我规划、自我执行、自我激励和自我校正等方面均有所缺失，容易在逆境中缺乏控制，形成自身无法排解的心理障碍，在顺境中也容易脱离现实状况，放任自流。

（5）应对突发事件的能力不足。大学生基本都已经成年，拥有了一定的处理危机事件的应急能力。但是，或者是个体未接受过系统的安全教育，或者是大学生本身应变能力就较弱，抑或者是高校根本没有足够重视对大学生的安全教育，使得他们在遭遇到人身侵害事件、灾难性事件等时，由于缺乏这方面的专业知识，往往错过了最佳的“逃生”机会，最终导致个体的死亡，造成不可挽回的后果。

三、大学生非正常死亡预防

预防大学生非正常死亡，需要从社会、学校、家庭和个人等多方面入手：

1.社会层面

在社会层面上，要着力培育、形成一个珍爱生命、尊重生命的良好社会氛围。大学生虽然大多数时间生活在校园内，但是毕竟他们也是社会人，因此，他们也同样需要与校园外的社会进行交往沟通。而大学阶段是大学生社会化的关键时刻，因此，大学生与校园外社会的沟通和交往越来越多，也越来越紧密。但是，大学生基本上从小到大都生活在校园内,校园内的环境与校园外的社会环境有一定程度的差别,因此他们对于校园外的社会环境并不能完全适应,尤其是对于一些可能发生的危险的警觉性不够,规避风险能力不强。比如大学生的非正常死亡事故中,有相当部分是大学生在校外非法出租屋或黑旅店里外宿,有的被谋杀,有的因火灾丧生,有的因煤气泄漏慢性中毒死亡等。之所以会出现诸如此类的大学生非正常死亡情况,除了高校学生住宿管理不到位和大学生自身安全防范意识不足之外,也与社会上一部分人存在的见利忘义和漠视生命的不良氛围有关。正由于有这种不良氛围的存在,一部分人见利忘义,敢置法律和道义于不顾,专门针对大学生开设非法出租屋或黑旅店,给大学生提供危险场所。同时,周边的人员也无视大学生的生命安全,对这些现象听之任之,甚至还纵容、包庇、掩护。但是,如果培育、形成一个珍爱生命、尊重生命的良好社会氛围,就不会有人去开非法出租屋或黑旅店,从而减少对大学生生命安全的危害。即使有这种现象发生,也会在周边人员的帮助下尽快得以排除。

2. 学校层面

在学校层面上,要强化管理,完善服务,实施全面教育。高等学校是大学生学习生活的主要场所,对大学生的人身安全负有直接的责任,高等学校的工作做实做到位了,就可以有效地减少或预防大学生非正常死亡事件的发生。一方面,要强化管理。大学生毕竟是一路从学校走来,在父母和老师的呵护中成长,往往是生理上成熟,但是心理心智上不够成熟,自制能力不足,因此还需要加强管理。重点是加强后勤管理,杜绝学生违纪外宿情况,防止学生以身涉险。另一方面,要完善服务。高等学校要转变思想,树立为学生服务的理念,一切以学生为中心,做好学生服务工作。从日常管理到课堂教学,再到后勤服务,都要渗透为学生服务的思想,为学生提供优质的教育服务,让学生在学校快乐学习,快乐生活,快乐成长。如果高等学校能做到急学生所急,想学生所想,切实解决学生的各类问题和困难,那占大学生非正常死亡最大比例的自杀是可以降低很多的。最后,要实施全面教育。高等学校不但要教给大学生专业知识,还要教给大学生生存和发展的知识,更要教给大学生趋利避害、规避危险的知识。安全教育应成为日常教育中重要的内容,心理健康教育应该落到实处。总之,要做到大学生在高等学校里能更安全、更健康地接受教育,顺利成长成才。

3. 家庭层面

在家庭层面上,一是要营造良好家庭氛围,二是要加强沟通交流。生活在良好的家庭氛围中,父母的精神品格会给孩子阳光般的照耀,雨露般的滋润,在孩子心灵深处打上烙印,奠定他们做人的基础。父母独立、坦荡、真实、自然的精神生活无时不在影响着大学生们的气质和性格,促使他们坚持正义与真理;父母充实健康的精神生活能帮助大学生们彻悟人生的真谛，懂得如何做人，如何使生命更有意义。

大多数大学生是希望与其家庭保持积极的依恋关系，家庭对他们来说具有极为重要的地位，他们渴望来自父母情感上的温暖与支持。尤其随着年龄的增长，生命成长的烦恼、学业上的压力、同代人之间的竞争与冲突、独立后的成熟与困惑以及就业的压力等，都会使大学生们更需要父母精神的支持和善意的引导，而这些只能建立在父母与孩子沟通的基础之上。因此，父母在与大学生孩子对话时，更要善于倾听他们的意见，哪怕他们表达的是消极的情感，同时要进行积极、正确的引导。

4.个人层面

在个人层面上，大学生要强化生命意识，提高综合能力。

首先学会强化自己的生命意识，要懂得关爱生命，敬畏生命。要珍视生命的本体价值，要明白生命是人生最宝贵的东西，在生命存在的前提下才能创造和实现其他价值。生命是神圣的，对大自然中的一切生命都应该持敬畏的态度。

其次要提高自身的综合能力，包括适应社会能力、抗压耐挫能力、自我管控能力、人际交往能力、随机应变能力。

适应社会能力：对周围事物有清醒、客观的认识，接受一切经验，开拓自己视界，有开放的个性。适应社会能力强的大学生看待问题较为客观、全面、公正，不主观、不偏执，并能做健全的、有效的适应，能在社会生活中与别人保持良好的接触。他们既有高于现实的理想，又不沉迷于幻想，对于在生活中所遇到的各种问题、矛盾和困难，不掩饰、不回避，而是面对现实，采取切实可行的办法进行处理。他们较易适应自然环境与社会环境的变化，能根据客观的要求主动调节自己的言行，行为自发，也能尊重客观现实的发展规律，发挥主观能动性，自我超越，跟上社会发展步伐，具有生存能力。

抗压耐挫能力：提高大学生的抗压耐挫能力包括：①提高大学生的心理承受水平，降低他们对刺激的反应水平，消除人际敏感性，使他们形成对刺激的适宜的反应方式。②提高大学生的心理调节水平，使他们正确地认识与评价自己和现实，掌握正确的认识、评价方法，提高他们对情绪特别是消极情绪的调节能力。③提高大学生心理活动的状态水平，进而提高他们的自信水平，使他们形成乐观的处事态度，表现出积极进取的心理状态。

自我管控能力：自我管控，就是自制、节制，就是用理性控制情欲。可以通过明理、慎独、力行三个过程来提升自我管控能力。明理是加深在知识层面上对事物的理解，明是非，知利弊，会取舍。慎独，是一种高度自觉的道德修养。认知在心，不因外在条件的变化而改变。力行是在实践中践行自己的认知，践行自己所明之理。身体力行，才能养成良好的习惯。自我管控，就体现在日常行为习惯的养成上。

人际交往能力:人际交往是一门集语言学、心理学、社会学、美学等于一体的科学,要获得良好的人际关系,需要具备良好的语言表达能力,洞察他人心理特点与状态的能力,了解基本的社会规则与交往原则,能够准确地把握交往的尺度和处理问题的技巧,还能在人际交往中体验各种情绪状态和美感,这些都需要在不断的理论学习与实践训练中才能形成。

随机应变能力:随机应变能力是大学生口才、学识、阅历、经验及思维的综合体现。提高大学生随机应变能力的途径包括:①不断学习,接触新东西、新事物,获取更多新知识,将所学知识消化吸收,增加大脑中知识的储备量,并融会贯通地应用于实践中。②扩大个人的交友圈,多观察学习随机应变能力强的同学或朋友,向他们请教,同时总结与实践,以提高随机应变的能力。③改变犹豫不决、优柔寡断的做事风格。做事要有胆识,遇事冷静思考,才能做到随机应变。

第三节 向“死”而“生”：正视死亡，珍惜生命

人只要还没有亡故，就是向死的方向活着。生存者的一生贯穿着走向死的整个过程，这个过程是先于亡故的存在形式。在这个向死的过程中，人能真实地感受到自我的强烈存在感，自己在这个向死的过程中“在场”。所以，死的过程与亡的结果相比较，这个向死的过程更本真，更真实。

珍惜生命中的每分每秒，焕发出生命的积极进取意识和内在活力。通过提高生命中每分每秒的质量和长度，来提高生命的效度和目标的密度，只有这样生命的意义和价值才能在有限的时间内展现出无限的可能性。

一、追问死亡，反思生命

荀子说过：“生，人之始也；死，人之终也；终始俱善，人道毕矣。”生与死既是生命的两极，也是人生之经纬。叩问生死两端，既知生，又知死，方能完整地透视人生、觉解生命。

（一）由死亡之必然，知生命之偶然

费尔巴哈认为，死是最残酷、最摧心的真理。生命必有走向死亡的一刻，这是一个无法反驳的现实。由此观之，自有生命以来，到今天，实际上是无数死亡的堆砌。这就是死亡的必然性。以更广阔的视野来看，这宇宙自有史以来，亦伴随着无数的毁灭，湮灭了无数日月星辰。然而在这无尽的毁灭中，亦有一缕偶然的生机，如生命的产生、人类的出现、每个人的降生。

现代科学界认为，生命的出现需要满足复杂的条件。比如说一定的物质组成，它们包括生物有机体主要组成元素：碳、氢、氧、氮等。而且生命体中所发生的生物化学反应有适当的温度要求，温度太高，生物有机分子必然运动过剧甚至分解；温度过低，生命过程过分缓慢甚至停顿。如果生命发生在水中，适宜温度介于0℃～100℃之间。还要有光和热，因为生命的产生需要能量。生物只有与周围环境进行物质交换才能生存，所以早

期地球必然存在一定数量和质量的大气层。也许地球上还要有水,因为生命可能是在水中产生的。这种种条件,在漫长的宇宙岁月和广阔的宇宙空间中,都是偶然的存在。这种种偶然整合在一种环境中,才有可能产生生命。可见,生命确实是宇宙中一种偶然的存在。

从生命的出现到人类的产生,经历了漫长的进化岁月。在此之前的岁月里,地球环境的变化与生物基因的变化交相呼应。许多物种生成,然后毁灭,然后新的物种又生成。人类的出现是建立在无数物种生灭进化的基础上的,其中任何一个环节出现变化,人类就不再是今日之人类。

每个人的出生、成长都是来自偶然的一种幸运。出生的自然条件、人文基础都经过了无数次偶然的积累与沉淀。从古至今,任何一个生命链条环节的中断,人文演化的改变,将会产生不同的生命个体,即各自意义上"自我"的个体。在人的成长过程当中,任何一个偶然的改变,都会改变这个个体自身。人是经历而成的,不同的经历成就不同的人。从这个意义上讲,成就每一个人的,是其所经历的无数的偶然。

(二)由死亡之无限,知生命之有限

苏东坡说:"哀吾生之须臾,羡长江之无穷。"长江之无穷较之于人生之须臾,就好像无限的死亡较之于有限之生命。"今月曾经照古人",古人却已归寂天地多时了。茫茫天地,见证了世间无尽死亡,也映衬着人生的有限与渺小。生命的有限表现为存在的有限性、认识的有限性和生命活动的有限性等三个方面:

存在的有限性是指人对客观生存条件的依赖性和自身寿命的有限性。客观生存条件是人的自然生命存在的物质条件。客观的物质世界是人作为一种生命存在的前提,没有客观物质世界,也就没有人的存在。而且人只能存活在特定的客观物质条件当中。若条件不能满足,则人的生命存在的持续性将随之发生改变。这种持续性表现为人的寿命。人的寿命是说人的自然生命存续的时间长度,这是由组成人的客观物质基础决定的。现代科学通过不同的方式测得,人的理论自然寿命在120~150岁之间,其实际值随着人的生存状态而改变。

认识是人脑反映客观事物的特性与联系,并揭露事物对人的意义与作用的思维活动。认识的有限性体现在认识主体、认识对象和认识途径三方面。就认识主体而言,人本身是一种有限的存在,其个体的存在方式是物质性的,其认识能力也是基于其物质存在基础的,故作为认识主体的人是有限的。就认识对象而言,为主体所认识到的认识对象是由客观事物对主体产生直觉上的反映所接收的信息。但是,主体所接收的这些信息不过是去除了个人主观性而产生的相似信息,至于事物本身真正是什么,我们是无法接

近的。甚至有西方哲学家将现象界与物自体分开,认为人类无法认识物自体。就认识途径而言,表现为认识方式和认识媒介的有限。人的认识方式和认识媒介是受所在社会发展水平的限制的。人类是不断进步的,认识方式和媒介也在不断改进,但同时也必定受到当时人的认识水平的限制,只能改进到一定的层次。

生命活动的有限性表现在:①表现为人生际遇的不可控性。人生于世,如海上浮萍,会遇到什么、经历什么由不得自己做主。尤其是在当今社会,自然环境愈加恶劣,导致各种自然灾害频发;社会矛盾存在,文化碰撞、思想碰撞比比皆是,严重的甚至引发战争。这些因素都不因某个人的意志而改变。②表现在生命活动的不可逆性。生命活动不是实验室的实验,也不是计算机中的推演,失败了可以重来。人的生命只有一次,而且是张单程票。人生过往,必留有遗憾和悔恨,唯其如此,更显生命之珍贵。

(三)由死亡之普遍,知生命之独特

世界上有两件事最为公平,一是每个人每天都只有二十四小时,另一个就是每个人都要面临死亡。死亡面前人人平等。不光是人人平等,众生亦平等,不因种类之殊而有差别。但是就生命自身而言,每一种生命体都有其独特性,正如世界上没有两片完全相同的树叶一样,世界上也不存在两个完全相同的生命个体。人的遗传素质具有差异性,这种差异性表现在体态、感官等生理因素上。遗传的差异性,决定了人先天具有的独特性,以及在后天发展中的优势结构,所以,不同的人会表现出不同的爱好和特长。先天的遗传素质奠定了人独特性的基础,但是,人生命的独特性不仅取决于由个体遗传素质所决定的生理因素,还取决于人后天形成的个性、思维、精神等因素。所以,即便是孪生姐妹,相同的基因遗传也因后天生活、环境、教育和实践活动的不同,而使人有不同的发展,形成不同的个性。生命之独特性不光表现在自然生命上,还表现在社会生命和精神生命中。

二、正视死亡,珍惜生命

(一)正视死亡,善待生命

思考死亡可以使我们更加深刻地把握人与世界的辩证关系。而如何面对死亡,在一定程度上,更是决定了人如何对待生命,如何对待社会和世界,如何对待自己的人生。

正视死亡就是对死亡的接受。人从生下来的那一刻起,就开始走向死亡。我们每过一天,就向死亡接近一步。人性的脆弱使我们不愿接受这个现实。但是恐惧也好,回避也好,最终总有一天,每一个人都会走到生命的尽头。无论逃到哪里,最终也逃不过死

亡。与其恐惧死亡,战战兢兢,倒不如大大方方地面对它、正视它、接受它。

唯有正视死亡,才能尊重生命。有些人"只言生,不言死",认为不管怎样只要能活着就行,以至于当死亡来临的时候惊慌失措,丧失尊严,甚至做出害人害己的事。当今社会也有少数不久于人世的人对社会做出报复性行为,造成无辜人员受害。这就是对死亡的恐惧已经造成了对于生命意义的扭曲。

死亡因其普遍,因其必然,因其无限,令我们不自觉地心生畏惧。恐惧死亡是人的最基本、最深层的本能,并不荒唐可笑,关键是如何克服它并积极面对人生。

正所谓"生如夏花之绚烂,死如秋叶之静美。"大学生正处在人生的花季,生命的美丽刚刚绽放,拥有青春韶华、激情活力和各自的梦。无限的可能会使他们认识不到生命的短暂,从而不知道珍惜年少好时光;有可能在他们幼稚的心灵中,因为死之必然而认识不到生命的意义。这两种态度其实都不是正确对待生命的态度,易导致虚度时光,或者产生消极厌世的思想,都不利于青少年的健康成长。花朵总有凋零的一天,我们应该在凋零之前美美地享受世间的美。如此,当死亡的黄昏到来,才能够坦然接受,从容而去。

(二)积极锻炼,健康生活

健康是生命质量的基础,是人类自我觉醒的重要方面,是人类最宝贵的财富之一。珍惜生命就要保持生命健康。生命健康有身体健康、心理健康和身心和谐三重内涵。因此,保持生命健康也要从这三个方面入手:

1. 积极进行锻炼,保持身体健康

身体是生命的物质体现,是社会生命和精神生命的物质基础和载体。常言道:"身体是革命的本钱。"身体不光是革命的本钱,也是进行其他实践活动的本钱。若是年老体衰,常年多病,莫说实现生命价值,恐怕连日常生命之美好都无法享受。经常进行体育锻炼有利于人体骨骼、肌肉的生长,增强心肺功能,改善血液循环系统、呼吸系统、消化系统的机能状况,有利于人体的生长发育,提高抗病能力,增强有机体的适应能力,还能有效地减少过早进入衰老期的危险,为提高生命质量提供物质条件。

2. 注重涵养性情,保持心理健康

良好的心理状态是生命健康的重要组成部分,是人的精神生命的重要体现。涵养性情便是呵护精神生命的成长。心理健康会对身体健康产生积极的意义,也渗透和影响着社会、文化、科技以及人际交往等人类社会生活的各个方面。涵养性情、保持心理健康可以培养兴趣爱好、保持乐观而稳定的情绪、建立良好的人际关系、培养幽默感。大学生还要学会自我调适,适当进行情感宣泄。

3.促进身心和谐,保持生命健康

人之身心不是绝对的二元,而是基于物质生命基础的统一体。二者也会相互联系、相互影响。一方面,人的生理是心理活动的物质基础,“健全的精神寓于健全的身体”,说明了心对身、心理对生理的依赖关系,体现了物质决定精神的哲学原理;另一方面,人的心理状态对生理的结构、机能具有能动的反作用。中国古代医学理论认为人的情绪对人体健康具有巨大影响,所谓“喜伤心、怒伤肝、忧伤肺、思伤脾、恐伤肾、惊伤胆”。这是心对身、心理对生理具有能动作用的实践证明。战争中常有“狭路相逢勇者胜”的结局,也是心理对生理、精神对物质具有反作用的佐证。生命健康的个体,必然是身心和谐的。

(三)认真学习,完善自我

荀子曰:“学数有终,若其义则不可须臾舍也。为之,人也;舍之,禽兽也。”荀子认为人跟禽兽的根本区别就在于人能够学习。人的生命不单单是“生而为人”的生命体,还是“学以成人”的生命体。珍惜生命不单单是要保持生命的健康,还要珍惜时间,不断学习,完善自我,成就自己的生命。

学习是立人之基。一个人从呱呱坠地到走入社会,是要经历漫长的学习过程的。呱呱落地的婴儿是从一个自然生命开始的,其成长过程便是其学习过程。向家长学习,向老师学习,向朋友学习,向社会学习,甚至向天地、自然学习。人类发展的过程,也恰似婴儿之成长,自原始的稚嫩懵懂,在漫长的岁月中积累知识,才有今日人类之成就。

学习是成人之阶。今日之学习是为了成就明日之自己。

三、超越死亡,升华生命

升华生命更多的是从生命意义上讲的。人出生后的成长过程,就是一个人从自然生命体向社会生命体转化的过程。一个成熟的生命体的生命价值往往服从于他的社会生命责任。也就是,人的生命取向要为社会的要求所引领和规范。超越死亡、升华生命就是用社会生命和精神生命的无限可能去超越自然生命的死亡规律。

(一)主动承担责任,创造生命价值

马克思曾说:“作为确定的人、现实的人,你就有规定,就有使命,就有任务,至于你是否意识到这一点,那都是无所谓的。这个任务是由于你的需要及其与现存世界的联系而

产生的。”这个使命、任务就是人生的责任。从社会组成来看,人要对自己的生命负责,也要对自己的家庭和社会负责。

生命责任:作为社会中的人,总是需要承担各种各样的责任。其中,人对生命的责任是最基本、最重要的责任。无数岁月的偶然,才能实现一次生命的诞生。这来之不易的生命应当如何度过,是每个人都会思考的问题。人生际遇不同,也会有不一样的精彩。只是当谨记,生命是一种责任,既然活着,那就不要让生命在烟花尘世的繁华中颓然而逝。如此,繁华落尽之时,还能把短暂的美丽留给这个世界,留给美好的人间。

家庭责任:一个新生命的降生,是父母生命的延续,也是一个家庭的延续,寄托一个家庭的未来。这是人的家庭之始。等孩子长大了,自己组成了新的家庭,有了自己的后代,并看着他们成长。伴随着他们成长的,是自己的逝去。这是人的家庭之终。这始终之间,人作为家庭的一员,对于家庭的责任,便是人的家庭责任。人的家庭责任是基于血缘和亲情关系而产生的,包括人对父母的责任、对妻子或丈夫的责任、对孩子的责任,以及对兄弟姐妹的责任。

社会责任:社会责任是个人对他人、集体、国家和社会所负责任的认知、情感和信念,以及与此相对应的承担责任、履行义务的自觉态度。人是具体的、生活于现实生活中的人。人的一切行为不可避免地要与周围所有的人发生各种各样的关系,是社会中的组织、个人与事务成就了人的社会生命。同时,人作为社会中的一分子,其存在与行为也成就着他人的社会生命。这种社会存在中的相互成就,便是其社会责任。

作为当今大学生,我们肩负着社会进步、经济发展的重担,更加承担着家庭以及生活的压力,我们有义务去承担这份责任,不仅要对自己负责,还要对生活负责,在不断探求生命意义的过程中,使责任感充实着我们的生命。

(二)丰富生命内涵,提高精神境界

精神境界是一个意义世界。冯友兰先生认为,人是有觉解的动物。所谓觉,是说人有对于客观对象的感知能力;所谓解,是说人对于感知到的信息具有分析和理解能力。不同的人经历不同的事物,从不同的角度去觉解,有了不同的认知。这些事物对于不同的人便有了不同的意义。冯友兰先生称之为不同的境界,表现为人的思想觉悟和精神修养。

在日常的生活中,人们的思想觉悟和精神修养总是不一样的,可作为社会中的普遍的价值取向,人们总希望自己是一个有较高思想觉悟和良好精神修养的人,以便体现自己在整个生活中的位置。精神境界体现着人对于自然世界、社会和自身及其关系的认知,以及身处其中如何处理三者关系和如何自处,代表着一个人的精神生命,是生命高度的体现。

精神境界是由一个人的阅历和认知决定的，有丰富的人生内涵才有无尽的生命回味。人生就是一次生命之旅，在旅行中我们不断观察、体会，不断地融入、感悟。在旅途中我们不断丰富自己的阅历，提升自己的思想，同时也不断吸纳外部信息，内化为自己的认知。因此，体验、感悟是丰富生命内涵，提升生命意义的重要手段。

（三）努力实现自我，升华生命意义

真正美好的人生不仅仅是物质的富裕和生理的满足，更是精神的丰富、道德的高尚和心灵的纯净。也就是说，大学生的成长不仅仅是知识的掌握、技能的形成、能力的发展，知识、能力、技能是负载于人的外在的认知和改造世界的工具，大学生更应该张扬生命理想，在有限的生命中去创造在这一时期最佳的可能性，追求生命的卓越，谋求生命的发展，致力于生命自我实现、自我超越。

超越自我。超越自我是对自我现状的超越，以实现理想中的自我为目的。人生于世是一个不断成长、发展的过程。在这一过程的不同阶段，我们对自身的认知、期冀各不相同。人通过社会实践，在阅历见知中成长，将自己变成理想中的自己。这种对理想中的自我的实现，就是对现实自我的超越。

超越个体。生命不是单独的存在，而是群体的存在，群体的命运重于个体的命运，因此要更多地关注群体的存在状态。将个体的生命化入群体的生命之中，才能实现生命的不朽。当前社会生活的最大群体就是国家，因此大学生要自觉地将自我的命运同国家的命运联系在一起，实现由“小我”向“大我”的超越。

超越族群。超越族群的人，已经超越了民族、国家和文化的局限性，站在了人类整体的高度上。在他们的眼中，人类是一个物类的整体。其看待事物，已经不再着眼于民族或国家，而是从人类存续的角度。

超越种类。超越种类的人，是从生命的角度看待事物，自视为众生之一，与其他的生命并无甚不同。尊重一切生命存在的意义，不因进化之层次，寿命之长短，生存场所之不同而有分别心。宇宙中所有的生命形式都是相互联系、相互转化、相互制约的。在他们的眼中，众生无差别。

本章小结

1.死是一种不可避免的现象。不仅是人的一种现象,而且是整个生命世界的现象,世上没有不死的生物。死亡并不是一种特殊的不可认识的东西。

2.人不但有自然生命,还有社会生命和精神生命。人是三重生命的统一体。

3.马克思认为:"人是最名副其实的社会动物,不仅是一种合群的动物,而且是只有在社会中才能独立的动物。"决定人的本质的不是人的自然属性而是人的社会属性。

4.人的精神生命的存在是以其自然生命和社会生命为基础的。人的自然生命基础提供了人的认识能力,而自然界和社会则为人提供了认识对象。在人的生命过程中,人不断地去认识世界、认识社会、认识自身。人的精神生命正是基于人对自然、社会和自身的认知而产生,是理性、情感、意志相互作用构成的人的内在生命,是人的知、情、意的统一。

5.预防大学生非正常死亡,需要从社会、家庭、学校和学生个人等多方面入手。

6.珍惜生命中的每分每秒,焕发出生命的积极进取意识和内在活力。通过提高生命中每分每秒的质量和长度,来提高生命的效度和目标的密度,只有这样,生命的意义和价值才能在有限的时间内展现出无限的可能性。

7.马克思曾说:"作为确定的人、现实的人,你就有规定,就有使命,就有任务,至于你是否意识到这一点,那都是无所谓的。这个任务是由于你的需要及其与现存世界的联系而产生的。"这个使命、任务就是人生的责任。从社会组成来看,人要对自己的生命负责,也要对自己的家庭和社会负责。

8.真正美好的人生不仅仅是物质的富裕和生理的满足,更是精神的丰富、道德的高尚和心灵的纯净。大学生应该张扬生命理想,在有限的生命中去创造在这一时期最佳的可能性,追求生命的卓越,谋求生命的发展。致力于生命自我实现、自我超越。

【思考题】

1.简述生命的三重内涵。

2.如何预防大学生非正常死亡?

3.如何保持生命健康?

CHAPTER 6

第六章

实现生命的价值:大学生生命美学教育

第一节 探寻生命的意义，确立生命的信仰

一、美学对生命的意义

自改革开放以来，社会快速变迁。随着信息爆炸的现象发生，中国社会也开始出现了价值观混淆、伦理观模糊、家庭功能式微等现象，严重影响了人们的健康。许多同学在各种学业、社会压力之下，遭遇了不同程度的困惑和迷茫，因而不可避免地产生焦虑、不安和恐惧等心理问题，进而出现“消沉”“冷漠”“彷徨”“无聊”“空虚”“无意义”等一些精神问题。他们一旦面临情感、情绪、课业或生活上的问题时，往往不知所措，导致了一些悲剧的发生。同学们应该思考：除了分数以外，人生是不是还有其他的意义？该如何确立自己的价值？

因此，人要通过更高的艺术即审美教育来恢复他们天性中的完整性。美学教育能够给予个体相对完整的品性，其养成皆来自美学本身的特性。因为美学是诉诸人类精神活动的学科，与人的情感有着天然的联系，用什么样的方式审美，用什么样的眼光看待美与个人的世界观、价值观是相一致的。自然美陶冶我们的性灵，人格美昭示精神的伟大。美与真、善也有着天然的联系，真可以转化为美，美可以进达到善。美学教育把无所不在的碎片式的具象的美展示、梳理、抽象、总结出来，并对受教育者进行展示。美育之目的，在陶冶活泼、敏锐之性灵，养成高尚纯洁之人格。

因此，我们可以认为，美学教育其实是陶冶大学生品性的重要途径。更具体地说，它对于同学们品性养成主要有四个方面的作用：（1）有助于大学生练就冷静观察世界和在纷繁世界中判断是非对错的能力，判断真善美，面对假丑恶；（2）有助于大学生完善情感认知和培养情感感悟能力；（3）有助于大学生养成积极向上的乐观气质，面对现实，不忘初心，在前行的道路上永不止步；（4）有助于大学生在追寻美的道路上受到启发与熏染，在道德层面和精神层面得到升华和洗礼。美育的本质是通过培养协调和谐的情感，进而塑造协调和谐的人格，达到人与自然、社会的协调和谐。

美与善有天生的相关性,通过树立正确的审美观,树立正确的人生目的,最终达到一种美的人生境界。美育具有特殊的“审美感受力”的培养作用,这种“审美感受力”是人的健全素养不可缺少的有机组成部分,缺少了这种“审美感受力”的人不仅缺少了生活的乐趣,而且在素养上也是不健全的。美学教育通过发掘社会生活中的美来启迪心灵,并用理论阐明何以为美、何以为丑以及怎样才是美的人生,从而培养高品位的生活情趣,同时又以其特定的审美陶冶方式和审美教育思维培养人格,通过健康的艺术欣赏,提高同学们的审美能力,激发自觉追求美的人生境界,并自觉净化心灵、培育高尚的情操。

说了这么多美学教育的意义,应该注意的一点是:美学教育并不是通过说教或是背诵便能达成的。更重要的是,同学们要亲身多接触各种美的事物,如美丽的自然风光、美丽的艺术作品、美丽的文字创作等,这些美丽的事物,自然而然地会与人的情感产生共鸣。孔子曾经登上高处、眺望着河水的流动,于是有了“逝者如斯夫不舍昼夜”的感慨;陈子昂在登上幽州台时也因此“念天地之悠悠”,于是“独怆然而涕下”。这都是自然风光直接触动人的情感的例子。同学们也可以试着想象一下徐志摩所描述的情景,假设自己正身临其境,看到了“碧绿的山坡前几千个绵羊,挨成一片的雪绒,是美;一天的繁星,千万只闪亮的神眼,从无极的蓝空中下窥大地,是美;泰山顶上的雪海,巨万的云峰在晨光里静定着,是美;绝海万顷的波浪,戴着各式的白帽,在日光里动荡着、起落着,是美;爱尔兰附近的那个“羽毛岛”上栖着几千万的飞禽,夕阳西沉时只见一个“羽化”的大空,只是万鸟齐鸣的大声,是美。”这些事物为什么是美,我们没办法用任何科学理论加以分析,但是置身于美的事物之中,人们心理自然而然地就会产生触动,激起各式各样的情绪。而这些情绪,不管是如同孔子或陈子昂那样的伤感,或是如同徐志摩那样的美好,其实都是健康的情绪,都是透过美而达到的真与善。

二、生命意义的三个层次

我们已经讨论了美对追求生命意义的作用。那么,什么又是值得我们去追求的生命意义?我们认为,这必须要从“人是万物之灵”的预设出发加以讨论。人是万物之灵,是宇宙重要诠释者,是物质体,也是精神体,是文化,也是历史。人分为三个层次,属于物质经济方面的,是人对物的问题;属于政治社会方面的,是人对人的问题;属于精神心灵方面的,是心对心的问题。人对物是基本需求,如衣食住行;人对人则是秩序与权责的问题,人是竞争的;而心对心的问题,则在精神层次,是美与善的同理心。人因物质的需求,必先求饱,然后知礼仪。子曰“衣食足而后知荣辱”,知了荣辱之后方可“己所不欲,勿施于人”,最终才能达到“人同此心,心同此理”的境界,才有心灵的沟通与互动,这也就是人类文化被尊重的要素。兹将这三种现象陈述于后，希望大家能从中了解生命之意义与美感。

其一，生理需求与满足。凡能引起愉快或满足的人、事、物都可能产生美感。人要求生理的满足，也要符合社会规范。换言之，当客观条件从主观认定得到纾解时，美感是主观的心理作用，美与美感、美与需要是同等意义，这种看法，正是“情人眼底出西施”，或是“缘份天成”的解码。当人的求偶条件不在现实，而在本能时，往往是主观意识的需要，而非客观属性的条件。这种包含自己需求的行为，正符合生命中补偿作用的反应。生命是生理延续存在的现象，存在就是美学，也是生存的意义。

其二，竞争与比较。前述人与物之联结，使美在生活上得到满足，就产生了生命的意义，但它毕竟是属于生理的基本结构。我们要说的生命之美除来自生活的美满外，人的生命尚有很大的部分在争取群体的认同，或成为一种生活的典范。名誉或权力的平衡，责任与服务的分配，都在追求真实上着力。有这一层真实反映，便有真理的信度，而在物质满足的过程中，追求真理的理想，是建立名誉的过程。名誉来自竞争与比较的结果，生命美学就是在这领域上得到赞美或肯定。许多人整天沉浸在书堆中，或成天周旋在人群中，看智慧、看服务的内容与层次，也看他们的动机与行为，当这些结果得到肯定，热情便得到释放，情绪因而亢奋，这是生命成长的温度，也是生命意涵的诠释。因此，竞争与比较是生命存在的两项必然。生命在人与人，或人与物之间有依存，有共相的事实，才能产生光彩，才能引发人类不断开创的美学概念。

其三，美的价值。美的价值或价值的美，重点在心对心的事件上。当人能心对心地思考，便是人生的本质部分，也是人生美的极致目的。人除了有动物的本能需求，还要有成就感、归属感与自我实现的理想，这是一项高级的心理活动，是可感可知的价值认定模式。之所以美在价值，乃存在于伦理、秩序与社会生活的历程上。

三、顺应天道之循环便是美

众所周知的美的形式，在于比例、对称、统一、协调或轻重、缓急等，都可从物理性取得验证，在此不再赘述。但视觉经验、秩序引发美感，正如人伦导致唯善则美。心灵之美在价值，价值的具体陈述亦可能在秩序的排列。换言之，秩序就是伦理，就是一种规律。当美的要素来自秩序时，不论是色彩的分布，物象的比例，或是人伦中的长幼秩序，时间与空间的安置，皆得到应有的和谐与悦目。引申在生命的消长，如慈祥尊亲或可爱孩童，按生理秩序运行，必是依序成长，或依序更替其应担负的角色，如此才能促发生命的光辉。

将伦理的长幼有序或生命的成长节奏运行在社会的发展上,便有个体与群体之间的互动关系,也就是说人在社会的角色如何?在个体尚停留在自然界生态时,可能只是自发性的存在,但个体投入群体时,便产生繁复的变化,其中有善的动能,也有物的现实,面对这项问题时,群体意识也就是社会意识,必然左右人的行为。若追求物质需求者,必然忘却心灵的安置处,反之,自发性的心灵价值与理想,必然在善的行为上有所选择,如有些人投入社会公益。投入社会公益是很直接的心灵奉献,人类便在这种省思与行动中,肯定了生存的意义。

生命消长的过程,或许还有很明确的行为规范,都纳在价值的评量中。人不可为所欲为,应遵守社会规范,例如婚姻、家族,这便是社会的约束力,也是道德行为的考验。因此,道德在人类生命更替中,应该在有益的行为中被体现。品格没有一定的标准,却有一定的水准,生命的价值,或许就在一种信念、一份坚持、一份善心,以及一项自我实现的理想。

在利他的行为中,生命的光辉最容易显现出来。利他乃在道德理念中,也在心灵的感动处,对社会发展产生价值,此乃生命存在的意义。我们肯定这些价值,也肯定其空间意义和时间意义,它成为文化议题,也是人类心灵共通的问题。人类文化中最坚实的一项东西便是心灵,它能启发、能感动和积累、能变化、能享受。通过心灵,人们方可判断自己的行动是否有意义、有价值。有价值的人,必定是有益于社会的人,他的生命必然勃发兴盛,充满美感的活力。

总而言之,生命的意义可以分成三个层次,首先是满足生命延续的物质需求,其次是争取从众多生命中突显自我生命的地位,最高层次则是使自我的生命能够与天地宇宙运行的规律相结合,达成古人所说的"天人合一"的境界。既然我们知道最高层次的真、善、美,或者说顺应宇宙秩序的"天人合一"境界才是生命的终极意义,那么我们便应以此作为追寻的目标。这条路自然是漫长的,许多人在追寻的过程中渐渐被较低层次的物质或是名誉所迷惑,失去了初心,最终即使身居高位、家财万贯,也只不过是一台争名夺利的机器而已,已经失去了身而为人的价值了。当然,我们并不是反对同学们争取名和利,而是希望同学们在为自己的事业及前途奋斗的同时,依然不要忘记,名利只是维持个体生命的手段,个体生命的终极目的是顺应宇宙秩序的真、善、美。这一点,应该作为同学们矢志不渝的信仰,终身不懈地追求它的实现。

健全的心灵是大学生的重要素质之一,是面对社会、拥有幸福生活的保障。健全的心灵意味着健全的心理调适能力和面对他人与社会的能力。美学教育特别关注人与人的关系和人与社会的关系,在其中贯穿感性的感悟与理性的思考。以审美的眼光看待世界与人,能够使大学生学会用美的情操接触社会生活,增强心理调适能力,形成正确的人生态度和宽广的胸怀。

在这一节的最后，和大家分享一则小故事。蒋勋在《美的觉醒》一书中曾经记载了这么一段经历：

有一回在四月天，我到开满油桐花的山里去。油桐花盛开之后，会从树梢飘落在地面上，于是山径、草地上遍撒着白色的油桐花，如要走过去，就会踩着了它们。这时看到一个孩子，只有五岁左右，他忽然跟他的妈妈大叫说："妈妈，我怎么办？我怎么办？"他停在那里左右为难——因为他舍不得踩花。

对于美，如此单纯，本能的尊重，出自一个五岁的小孩之口，其实我们不必感到惊讶。事实上，这种对单纯美感的感动原本也都存在于我们每一个人的内心深处，只是在复杂、忙碌的社会中被我们遗忘了。所以我们要去找回这些感动，让我们的心灵都能感受到美，从而重新感受我们生命的意义。

第二节
明确生命的目标,引领生命的发展

一、生命活力自带目标属性

生命的目标是追求真、善、美,虽然对于什么是真、善、美,我们很难找到一套客观的、放诸四海皆准的标准,但是,我们依然可以从生命本身找到一些方向。事实上,生物的喜悦、活力,是生命的迹象,也是美的象征,还是我们追逐真、善的动力。生命的活力是希望,也是真、善、美,虽然它很难用哲学的美学、文学的美学或现实的美学说明白,但有一个共同因素,就是美在心灵,在人类灵魂深处,伴随着生命的活动。

众所周知,美的起源,如择偶时的特殊动作、歌舞与色彩、劳动节奏、仪式呼喊等,有些可从生物动作探知,有些是人类行为归纳,但有一个共同点,美是同类互为吸引所产生的,或为取悦、保护、拥有、繁衍的动机,再演化成为生活的一部分,甚至说是人类的生命寄寓,包括爱情、礼仪,以及日常生活。

对于生活中的美感或美的诠释,约略分为三种形式:

第一种是基本美,在于对生物体或人身的检视。在人身的应用上,所有事物的形状与色彩,是否被需要,或被需要的多寡,分别会给人生活上的不同反应与情趣。基于此论,美似乎与实用有所关联,也有所区别,对于人的生活来说,美的涉及程度,和自己的需要程度或拥有的多寡有关。

第二是自然美,是生物与生俱来的本能。以人类来说,我们有视觉、听觉、嗅觉,能分辨颜色、辨别造型、选择安居处,可应付生活周遭的问题。面对四季景色变化,我们的心情亦会随之改变;看到夕阳,会感受生命的消长。凡此景象,都能引发生活的美感与创作。

第三是艺术美,是后天学习的共知共感美学,也是人身美感再生的方法。因为不论自然美,或基本美,都是客观事物的条件,若没有人类的智慧则不能分辨它们是美或不美,所以艺术美在于人为,在于人的价值肯定。

人生的价值是什么，是名誉？是利益？是权力？还是私利？它们虽也是构成人生价值的因素，却不是价值的终极。价值对于生命而言是理想、希望、公益，是既有益于大众，又能启发人性之美的事。若失去这项理想与动力，那么人无异于禽兽，还能谈美或不美吗？所以美的呈现是在自然社会共识下完成的。老子曾经说过，“天下皆知美之为美，斯恶已；皆知善之为善，斯不善已”，可见美是一项生命价值，是生活上一种积极主动的态度。

那么，如何才能把生命依持的价值具体化呢？人类特有的记号在于知识的获得，也在于是非的判断，还在于心灵的抒发，更在于同理心的演化，要达到生命价值的高度，必须掌握人性的几项特质：

其一是创意。这一名词，是当下流行用语，是改变当前奢靡浮华机会的新思考。但创意不等于艺术创意，而是具备无限的机能，在人为的力量上，将人性光辉与能量汇成一股生命美学的力量。具有创意的人必具有正确而丰富的想象力，方能造就全新的生命，使其趋向健康、快乐。想象力不是幻想或乱想，而是设想与创造，把丑的变为美的，把不好的变为好的。好比把颓废的城市改变成生气蓬勃的都会，把阴暗的角落改变成鲜丽的街坊，这是艺术的行动，也是想象力发挥的功用。艺术美就靠想象力建造，当然基本能力要来自知识的充实，想象力才能更丰富、更伟大。想象力给人类社会生活的美感，正乃生活艺术的展现。

其二是发现。发现是艺术创作的过程，是一种探究真相的力量，也是生命成长的光源。它在未知与已知之间，有很多的验证，例如人的身体比例，或人的观念与看法，会随着年龄、地区而不同。在现实生活中，考古学家之所以不畏辛苦一路走下去，就是因为在工作过程里有更贴切事实的期待，可促进人类知识的增进，那是愉快的，也是兴奋的；又或者说版画家，印制后的喜悦，便是其制版印制前辛苦工作的期待之所在。这就是人类之所以不断探索、不断辛苦工作的动力。

其三是行动。诸多关于社会价值的选择，是人生的重大学习。因为有了较健全的知识，才能判断行为。充实的过程，就是人生，就是生命流动的美感。要活得精彩，便要有积极的行动。许多伟人奋斗一生，就是为了追求生存价值，更强调社会责任。

生命长短不仅指生理运作，生命意义在于做对社会有贡献的事。不论是“留取丹心照汗青”，还是“千古传诵”，都是以有限的生理生命，达到绵长的精神生命，或许这就是人生追求的价值所在。

二、对生命活力的三种障碍

我们不能否认,同学们在进入大学之前往往对大学抱有美好的想象,但进入大学之后又常会发现现实与他们的理想存在着一定的距离。其中,有些同学会选择用积极奋进的方式,通过不断完善自己,来充实大学生活。但是也有一部分同学则采用放任自流的消极处理方式来面对大学生活,不仅不能促进自我发展,还会助长消极心理。目前我国就业市场不容乐观,而这部分大学生的就业前景就更难了。从理论角度出发,虽然国家对大学生的培养付出很多心血,但是部分没有能力的大学生的就业问题仍不能得到良好解决,增添了学生的压力。大城市内竞争压力更加严峻,部分大学生由于自身能力的缺陷,主动选择的机会较少,长此以往,会背负巨大压力和负担,渐渐地产生自暴自弃的消极情绪。对于那些心理承受能力有限的学生来说,我们要特别注意克服对其成长和发展极为不利的负面情绪。以下主要从对生命的感悟、对挫折的承受、对价值的追求这三个方面来分析部分大学生生命观存在的问题。

(一)对生命的感悟方面

随着大学生步入高校学习,生活场所和学习环境的变更,加上父母对孩子监管力度的减弱,大学生们相对于高中阶段有了更多的自主时间。加之,我国大学注重素质教育,在保证大学生具有正确思想观念的基础上,侧重于学生专业课的学习。大学的课程设置较为轻松,大学生有了更多的时间进行社交活动和个性发展等。在与人交往的过程中,部分大学生容易放飞自我,没有找到准确的人生定位,没有思考过今后自己到底想要过上什么样的生活。部分大学生认为大学是一个表现自己、张扬个性的场所。这类大学生大多怀有"时不我待""及时行乐"的想法,乐于采用"标新立异"的行为来彰显自己的与众不同,把自己的课余时间花费在了宿舍、网吧中,把父母对自己的希望放在了一边,这是一种浪费时间、虚度年华的表现,没有展现出当代大学生蓬勃的生机和风采。此外,社会飞速发展、生活节奏过快,各种思想带来的冲击都反映到了大学生这个群体中来。部分大学生心浮气躁,缺乏沉淀自己的耐心,过于张扬个性,当和同学出现矛盾时,不懂得用谦和退让的方式来化解冲突,而是容易模仿网络游戏中的暴力行为,简单粗暴地解决同学之间的矛盾。马加爵投毒案等是大学生缺乏生命观的表现,至今还在提醒着我们心理健康的重要性。同时,大学生从繁重的高中生活中一下子过渡到相对轻松的大学,对各种生活环境和学习环境不适应,也让一些大学生茫然失措,部分大学生不懂得利用课余时间去参加社会实践来丰富自身的阅历,而是在观望和迷茫中虚度了光阴,短时间内难以找到奋斗的方向和生命的意义，同时又不善于和人沟通，难免出现心理问题。

（二）对挫折的承受方面

首先，部分大学生不能对自身做出客观的评价。应该明白，事物是不断向前发展的，我们每个人也都是通过学习新知识、新技能，不断改正固化的观念、克服自身的不足来使自己获得新的发展。我们应该正视这个循序渐进的成长过程。大学生群体大多只参加过类似于支教、实习等形式的社会实践，还未和社会全面接轨，片面地把校园环境当作社会环境，没有很好地看到两者之间的差别。一旦事与愿违、与预设的目标不符，他们就会把这种短暂的失败放大化，让自身的不足掩盖了自己的长处，武断地全盘否定自己，自怨自艾，走入心理的死胡同，如果未能及时消除，则可能会出现伤害生命的行为。其次，大学生容易受到感情问题的影响。大学生已经成年，他们渴望在生活中找到一个互相理解的人，已经由高中时期对异性偷偷爱慕转化为公开的追求阶段。但是恋爱关系的确立首先得需要双方互相满意，并不是靠一厢情愿就能够成功的。当大学生恋爱受挫，一般会严重影响其生活质量和学习效率，产生的严重后果因性别差异而表现不同，男大学生恋爱失败往往抽烟、喝酒、脾气冲动暴躁，女大学生更容易出现轻生和自我伤害的现象。作为成年人的大学生追求异性是很正常的一件事，但是恋爱不应该成为大学生活的全部，求学阶段还是应该处理好学习和恋爱的关系。最后，大学生需要修满学分才能获得学位证和毕业证，部分因自身原因未能顺利毕业的大学生容易出现心理问题。大学学习需要较强的自主性，课堂上老师提供了一种思路，需要学生在课下自己寻找答案，锻炼自己的思维能力，但是部分自律能力不强的学生未能在平时严格要求自己，出现了旷课、早退的现象。严重的挂科现象又阻碍了这类学生顺利毕业，在与其他同学成绩优异和顺利毕业的情况相对比之下，巨大的压力可能会压垮这些学生的心理防线，如果未能及时得到合理的排解，可能会引发严重的后果。

（三）对价值的追求方面

人的价值观决定着人们对价值的追求。社会成员以什么样的方式去看待这个世界，会影响社会成员之间的行为选择，可以说价值观影响大学生对生命的看法。一方面，在改革开放大门打开的同时，一部分大学生可能会认为在市场化条件下注重自身发展、实现利益最大化是理所当然的事情。例如，一些大学生喜欢在宿舍玩游戏，“昼夜奋战”，没有注意对室友造成的影响，随着矛盾的积累，很容易造成冲突；盲目攀比下的不健康消费观，也会造成严重的问题。绝大部分大学生基本没有什么收入来源，日常的学习费用和生活费用主要依靠父母提供。面对无力支付的昂贵奢侈品,部分大学生走进了网贷的陷阱,甚至还存在"裸贷"的现象。据一条新闻报道,一名女大学生自杀身亡后,在她的遗物中发现,这名大学生过去五年都在还"利滚利"的网贷,截至女孩自杀死亡,仍有部分欠款没有还清,巨大的还款压力摧毁了她对生活的希望,导致她走向了这样的一条道路。

三、克服生命困惑的方法

上文指出了现代大学生生活中常见的生命困惑,这些困惑需要各方面的综合治理,方能得到解决。那么,克服这些生命困惑的方法又有哪些呢?

(一)营造风清气正、和谐友爱的社会环境

我们应该要培养平和的社会心态,要充分挖掘我国优秀传统文化中仁爱和谐的因素,要意识到团结合作的重要性,形成敬畏生命和尊重他人的正确生命观。同时,我们应该自觉地远离涉黄、涉暴的不健康内容及其他各种有害的信息,同时也要自觉地获取正确的、积极的观点,参加线上各种知识性的、有益身心的网络课程或获得其他互动资源,并且深刻理解其中的内涵,从净化自己、提升自己做起。在课余之时,同学们也应利用机会走进社会,通过种种实践活动,将课堂教学和社会生活场景结合起来,认识到自己正是社会的一分子,从而对社会取得正确的认识。我们相信,实践是检验真理的唯一标准,只有我们参与实际的行动,才能激发我们的主观能动性,感知到社会上人与人之间的种种情谊,最终体认到生命的美好。

(二)充分利用高校资源

第一,我国大部分高校都以选修课的形式开设了生命观教育的课程,但是选修课不具备强制性,所以很多同学要不就不修习,要不就当成"营养学分"混过就算了,并未注意其中的内容。但事实上,通过对生命观内容的系统学习,我们才能够正确理解生命的本质,更好地规划人生目标,追求美好的生活。第二,学校里设有心理咨询室,同学们也要充分利用相关的资源,以帮助自己调解心理问题。第三,建议学生多和学校里德高望重、积极健康的老师们谈话,让自己对人生目标的追求更加清晰。第四,要多参与学校主办的校园文化活动和主题素质教育,除了学习到各种事物之外,通过人与人之间的互动,更能切身感受到生命的意义。

（三）发挥家庭直观影响、榜样示范的作用

第一，在家庭教育中，父母要注重教育方式，不能只要求孩子成绩好，束缚了孩子的发展。家庭环境影响孩子的成长，孩子在温馨的家庭氛围中能够自然而然地感悟到生命的美好，当以后困难来临时，在家庭生活中形成的品格能够给他们提供力量支持。第二，父母在教育帮助孩子树立正确生命观的同时，也要注重对子女加强挫折教育和死亡教育，提前让他们了解真实的社会生活。在还没有进入大学之前，大多数父母会帮助孩子做决定。一些孩子具有依赖性，一旦离开父母，各种不适应层出不穷。另外，自古以来，我们国家都具有敬畏生命、尊重自然的传统，父母在教育孩子的过程中，一般不会涉及死亡教育的内容，往往倾向于从正面教育孩子捕捉生活中的美好。鉴于此，家长在对子女的培养过程中要注重优化教育内容，通过适当的挫折教育使学生敢于直面现实，使孩子看到世界的多样性，养成良好的性格，避免走入心理误区。第三，父母要以身作则，身体力行地发挥榜样示范的作用。行动是最好的老师，子女也最容易模仿父母的行为。热爱生活、积极阳光的父母更容易培养出珍爱生命、拼搏向上的子女。

（四）激发敬畏生命、感恩生活的意识

我们要时刻加强自我教育，养成乐观的态度，敢于直面挫折和困难。社会的快速发展更要求我们青年群体养成良好的心态，青年学生不能对未来生活抱有过分理想化的心态，要敢于接受失败，才能在突发情况出现时有所准备。此外，在学好知识的同时，我们更应该在生活中掌握和他人交往的能力。通过分析大学生暴力事件的原因，发现大多数大学生暴力事件是由沟通不畅引发的。脾气暴躁、性格偏执的大学生要通过交友、参加社会实践等方式弥补性格缺陷，当在生活中面临困惑时，要学会倾诉。同时，增强自我调适的能力，避免出现不当的发泄方式，影响自己和他人的生命安全。

当然，青年大学生们只有长期身体力行地接触各种正向的能量，才可能解决这些困惑。首先，青年大学生们要明确自己的生命目标，并将这个生命目标视作自己的最高追求，然后以此来砥砺自己生命的发展，成就一个更好的自己。如此一来，尽管生活中仍有许多不顺遂之事，但只要保持一个美好的念头，更加美好的明天便成为可能。“千里之行，始于足下”，只有立定好目标，走出这第一步，让生命沿着正确的道路发展，才能使我们短暂的一生发挥最大的光芒。

第三节 承担生命的责任,创造生命的幸福

一、承担生命责任之美

生命的意义在于将追求真、善、美作为理想、作为信仰,并且矢志不渝地追求它。真、善、美的境界就是顺应宇宙自然规律的境界,就是符合人与自然和谐发展的境界。因此,我们在追求个人生命的真、善、美的同时,也应努力让整个人类社会朝着真、善、美的境界前进。这就是我们身而为人,要承担的生命责任。

我们应负起责任,所以我们应认识到自己在家庭中的地位和意义,树立家庭责任感,认识到自己已经长大成人,是家庭的希望和寄托,要看到自己的优势,发挥自己的潜质,发现自己在未来社会中的价值,从而树立社会责任意识,进而将自己的兴趣与社会需求结合起来,确立自己的职业发展目标,适时评估,展现自我,学以致用,让自己成为一个有事做的人,一个有用的人,从而获取生命的意义。用抽象一点的语言概括,一切责任的核心是生命责任,其外在的展现是行为责任,其目的性展现为成长责任,其外延性则成为回馈责任。大学生只有将上述这些内在的与外在的种种责任意识相结合,才能真正成为一个有责任感的人。

中国文化,从古至今,就是一种强调责任感的文化。我们以屈原为例。屈原在《离骚》中有一段话:“余固知謇謇之为患兮,忍而不能舍也。指九天以为正兮,夫唯灵修之故也。”他其实已经意识到自己的坚持是不可能成功的,但他还是明知不可为而为之,继续坚持自己的生命理想,这是中国文人的典型,也是美的终极意象。“先天下之忧而忧,后天下之乐而乐”的文人,才是真正的文人,用今天的话来说,才是真正的知识分子。他们不会把精力虚耗在无意义的事物上,他们所重视的是天下兴亡,是社会责任。他们学习的目的,是为了自我完成、社会提升、天下太平而学习。他们的生命并不只属于自己,而是属于全天下。当政治黑暗的时候,他们仍然尽力做好自己该做的事,希望能够让时局稍微不那么黑暗。像是诸葛亮明知道刘禅是扶不起的阿斗,但还是鞠躬尽瘁,死而后已。

虽然历史上的好人可能被打压，但他们从来不因此而丧志或同流合污，仍然坚持自己的理想，甚至不惜为了理想牺牲生命。

青年是整个社会力量中最积极、最有生气的力量，国家的希望在青年，民族的未来在青年。千百年后的人们都永远记得，五四运动时期的青年是一群进取的青年，是一群时刻以国家天下为己任的青年。正是这一群青年，改变了中国五千年历史发展的轨迹；正是这一群青年，促成了中华人民共和国的成立，也才有了我们今天的美好社会、美好国家。当时，这群青年和同学们一样，都只是普通的大学生，但他们并不把自己局限于书斋之中，而是将他们追求生命意义的能量，发散到整个社会之上。当时有能力读到大学的，都是家境富裕的人，他们本可以接过祖辈的田产、商行等，安安稳稳地过一生，但是他们选择了随时可能抛头颅、洒热血的革命工作。自然是因为他们有着坚定的生命理想，他们要追求此生的真、善、美，同时也追求着国家社会能够也一并进步到真、善、美的境界——这不仅是他们的生命信仰、生命理想，也是他们时刻铭记在心的生命责任，也是我们应该时刻铭记在心的生命责任。

二、追寻生命幸福之美

幸福是快乐和意义的结合。传统观念中所谓的成就，物质财富与社会地位，都不是衡量人成功及生命意义所在的标准。能够衡量人的标准，只有一个，就是幸福，追随生命的幸福才是我们最重要的目标。物质财富的充足和社会地位的提升，也许能带来短暂的快乐与满足，却无法带来持续的幸福感；要获得幸福和感受幸福，就必须要积极体验各种美的情绪与情感。通过这些体验，我们能够得到积极的生活态度。这样的生活态度追问着我们：我们是否能够通过自己的行为来改变环境和世界？我们怎样才能做到这些？所以我们的幸福感首先来自我们对于生命的责任感。

这样的责任感驱使我们尊重地球上的所有生命，包括自己的生命。前些年，一款名为“蓝鲸”的死亡游戏通过社交网站，利用青少年追求刺激的心理，诱导心智不成熟的青少年完成各种各样的自残任务，最终诱导参与者自杀。这款游戏绝对不是一种真正意义上的游戏，而是严重威胁身心健康甚至危害生命的事物。虽然这个死亡游戏的发起人已经被捕了，但是这种游戏并没有消失，它依然在各国蔓延。这个游戏本身并没有什么特别的设置，但是生命健康教育的匮乏，使得许多青少年因为这款游戏结束了自己的生命。他们可能是因为拉不下脸拒绝社群里面众多素未谋面的“朋友”的起哄，为了“面子”，而硬着头皮走到底。但是，如果没有了生命，要面子又有什么意义呢？没有了生命，人们又还剩下什么呢？生命的存在是一切的前提，是追寻理想的前提，是建立信仰的前提，是达成目标的前提,是完成责任的前提,同时也是我们追寻幸福的前提。只有生命存在,幸福才有可能,一切才有可能。任何放弃自己生命的举动,都是对自己的生命不负责任的行为。

人们总认为幸福就是一帆风顺,没有任何挫折和痛苦,但其实并不是这样的。做那些让自己感到愉悦且有意义的事情,并且享受过程,在过程中获得意义、快乐和满足,这才叫幸福。即使在这过程中会遇到一些不开心的事情或挫折,也可以以积极的心态发现其中的幸福,从而在这个过程中享受幸福。

更具体地说,追求幸福取决于积极的行动和必要的练习。我们需要通过一些学习方法,如学会调整心态、学会感恩与宽恕、学会怀有希望、学会建立新的习惯,从而获得幸福。幸福,不可能通过一件事,或者在一瞬间就获得实质性的突破,我们需要将习惯规律化,在日常的点滴中进行积累,当然其中更多的是那些生活中平淡无奇的生活经历。有关幸福的研究表明,人们的幸福感主要取决于三个因素——遗传基因、环境因素及我们自身的积极行动。本节重点讨论我们自身的积极行动。

事实上,幸福是一种主观上的情绪。主观幸福感,泛指一个人愉悦的情绪反应及整体的生活满足感。主观幸福感高的人并不是不会遇到挫折和困惑,而是他们在生活中总是能多体验愉悦情绪,而少体验不愉悦情绪。因此,他们对未来总是充满了希望。主观幸福感可以拓展个人的思维和行动能力,也会强化个人在智力、体能、社交和心理方面的活动能力,从而帮助我们在任何想做的事情方面取得更大的成功,而这样的成功,又辩证地加强了我们的主观幸福感。从这个意义上来说,幸福与我们所拥有的外在物品和其他人关系不大,它掌握在我们自己手中,是属于我们自己的,我们就是自己的幸福的设计者。

那么我们该如何增强我们的主观幸福感呢?这里提出七点建议:

第一,遵从你内心的热情,选择对你有意义,并且能让你快乐的事。例如选课不要只是为了高分,或者只是想和某位同学一起上,而是选择你真正感兴趣且有价值的课程。

第二,多和朋友们在一起。与人之间的良好的交往能带来幸福感。

第三,学会接受失败。成功没有捷径,历史上有成就的人总是敢于行动,也会经常失败。不要让对失败的恐惧绊住你尝试发现新事物的脚步。

第四,接受自己的每一个方面。失望、烦乱、悲伤都是人生的一部分。接纳这些,并把它们当成自然之事,允许自己偶尔的失落和伤感,然后再问问自己能做什么来让自己感觉好过一些。

第五,简化生活。生活不需要太复杂,我们应尽可能地简化生活。

第六,保持健康的生活习惯。坚持每星期至少3次、每次30 min以上的体育锻炼,还有每天充足的睡眠。

第七，表达感激。不要将你生活中所拥有的一切视为理所当然，永远保持感恩之心，记下别人为你所做的一切，这样会让你发现这个世界对你是很好的。同时也尽可能地帮助别人，因为，这也顺便帮了我们自己。

三、生命美学与人生规划

美育教育是美学与教育相结合的产物，是美学得以应用于现代教育的重要手段。美育教育是素质教育中不可缺少的部分，影响着同学们就业观念的养成和就业能力的培养，促进大学生自我价值的实现。学校实施美育教育，能够在无形中提高同学们的就业心理素质，使其树立起正确的就业观和多元化的就业理念，并且增强就业能力，在今后的就业中实现自我价值，并且敬业，爱业。

美育教育对大学生就业观念有许多影响，主要包括以下几个方面：

（一）美育教育极大地促进大学生就业心理素质的提高

面对现代社会激烈的人才竞争，拥有健康的就业心理素质是大学生顺利就业的前提，也是大学生成功就业的关键。但是在如今的社会中，许多同学的心理素质存在着严重的缺陷，心理抗压能力不强，面对各种竞争，随时都会出现心理防线崩溃的情况。正如陈跃和白美云在《思想政治教育对大学生就业的促进作用》一文中对大学生如今就业心理素质的描述“面对严峻的就业形势和激烈的就业市场，大学生在就业过程中，由于专业素质、自身实际和心理素质的差异与不足，产生了各种各样的心理问题，如焦虑、急躁、自负、自卑、攀比、从众、犹豫心理等。如果不及时对大学生的这些心理进行调适，就会妨碍正常的就业，甚至产生心理障碍，严重影响择业和今后的发展。”在现代高速化的社会中，激烈的人才竞争让大学生就业情况变得更加严峻，就业心理也变得异常脆弱，而美育教育对大学生的就业心理素质有着强大的调节作用。美育教育通过培养人们认识美、体验美、感受美、欣赏美和创造美的能力，从而使大学生具有美的理想、美的情操、美的品格和美的素养。大学中的美育教育注重培养大学生的心理素质，增强他们的抗压能力，让他们在潜移默化中培养良好的心理素质。正如单永新在《浅析大学生美育教育的实施》中写道“艺术来源于生活，又高于生活。艺术是教育的重要组成部分。在大学生的整个精神生活中，艺术深刻地影响着他们的思想情感，全面地感化和发展他们的心理个性。大学生正确理解艺术作品，欣赏艺术作品，并从中获得美感。大学生是具有艺术创造的才能的，良好的艺术教育能够陶冶他们的情操、培养他们的情趣、加深对艺术的理解。艺术担负着生活教科书的使命。”

(二)美育教育有力地影响着大学生树立正确的就业观念

正确的就业观念的树立可以使人们不断地进步,使人们受益终身。然而在现在的大学教育中,美育教育的实施不到位以及大学生急功近利的心态,导致部分大学生的就业观念有所变化,并出现了一系列的问题,如现在许多同学只关注眼前利益,学习实用性的技术知识,而忽视其他有用的艺术知识等。目前,大学生迫于严峻的就业压力,对美育教育缺乏正确的思想认识,忽视或无暇顾及人文素质水平的提升。学校在目前的就业形势下,对大学生这种急功近利的思想也往往是无可奈何的。现在的大学对于大学生的美育教育力度不够,并未重视美育教育的重要性,这自然是学校的缺失;而大学生也由于种种功利性原因,只求眼前利益,却忽略了美育教育对自己就业观念的影响,这都是现在教育存在的严重问题。我们期待,通过美育教育来培养大学生正确的审美观念和审美情趣,让审美标准变得更加合理化,从而促进他们形成正确的就业观。现在很多大学生只追求现实利益,就业面很狭隘,但是当他们的审美情趣和审美能力提高之后,他们会发现有时候并不需要为眼前的利益计较太多,将目光放眼于未来的社会发展,将使生活变得更加有趣,更加美好。这样,就业的思想在接受美育教育的过程中同步提高,形成正确的就业观念。

(三)美育教育可以促进大学生就业乐趣和就业价值的实现

就业价值的实现将有力地提高自我满足感和幸福感,使我们在工作中能够感受到真正的乐趣。而就业乐趣的培养有力地促进了就业价值的实现。在现在的社会中,很多人每天只是一味地工作,而不懂得热爱工作,失去了对生活的乐趣和信心。而通过美育教育,我们将减少对一些功利性事物的追求,更多地关注自身的生理需要和心理需要。这种关注,可以使大学生对生活、对工作的钟爱程度提高,促进大学生创造出更多的劳动成果,实现就业价值。如爱因斯坦是一个非常珍惜时间的人,但他还是会练琴、听唱片,有时长达几个小时,都丝毫不觉得可惜。他说:“我的许多科学成就,都从音乐中得到启发。音乐不会影响研究工作。”这也说明在接受美育教育过程中,人们的身心都将受到陶冶,心情也将变得更加开朗,工作效率也将不断地提高。同时,就业价值的实现也有力地促进工作乐趣的再次产生。在美育教育过程中,人们审美境界和审美能力不断提高,使得就业能力提高,就业价值得以实现。同时在就业价值实现后,它将再次地刺激自身、指导自身去发现美、认识美,从而发掘出工作中隐藏的快乐,让大学生时刻保持一颗乐观向上的心态去面对工作。

(四)美育教育有利于提升大学生就业的综合素质与竞争能力

美育教育促进大学生自身素质的发展,使大学生的综合素质不断提高。如著名教育家蔡元培先生早已指出美育教育具有“辅德性”,可以起到“以美导善”的作用。通过美育教育,大学生们在德智体美劳各个领域不断得到发展,能力不断得到强化,使他们更具有市场竞争能力。如在拥有相同专业知识的两个大学生身上,如果其中一个大学生接受了更多的美学知识的教育,那么他的言谈举止、审美趣味、做事方式等方面将比没有接受过美育教育的人更加优秀。在相同的竞争下,他也可能更容易获得就业机会。同时美育教育通过引导大学生去发现美、认识美、创造美,帮助大学生形成认识美和鉴别美的能力,从而为自身的发展提供精神动力和智力支持,使自己的道德水平、审美情操得到升华,在日后的就业竞争中,更具有竞争能力。一个经过美育教育的人,他的生理素质和心理素质都比常人要强,他对事物的看法将会是多方面的、立体化的,他思考问题的角度也是全面化的,这种能力使得他在就业竞争更有利。

总之,美育教育对大学生就业观念的影响是多层次、多方面的,它不断地通过各种渠道影响着大学生的就业选择,帮助他们形成正确的就业观,培养就业能力,有力地促进大学生在社会上的发展。

本章小结

1.人分为三个层次,属于物质经济方面的,是人对物的问题;属于政治社会方面的,是人对人的问题;属于精神心灵方面的,是心对心的问题

2.生命的活力是希望,也是真、善、美,虽然它很难用哲学的美学、文学的美学或现实的美学说明白,但有一个共同因素,就是美在心灵,在人类灵魂深处,伴随着生命的活动。

3.当前大学生面对的生命困惑可以从对生命的感悟、对挫折的承受、对价值的追求等三个方面寻求解决。

4.一切责任的核心是生命责任,其外在的展现是行为责任,其目的性展现为成长责任,其外延性则成为回馈责任。大学生只有将上述这些内在的与外在的种种责任意识相结合,才能真正成为一个有责任感的人。

5.学校实施美育教育,能够在无形中提高同学们的就业心理素质,使其树立起正确的就业观和多元化的就业理念,并且增强就业能力,在今后的就业中实现自我价值,并且敬业,爱业。

【思考题】

1.人的追求分成哪几个层次？为什么我们应追求最高层次的精神心灵的满足？

2.对生命活力的主要障碍有哪些？我们应该怎么克服它们？

CHAPTER 7

第七章

大学生生命健康教育的外部环境与优化

第一节 大学生生命健康教育的学校环境与优化

一、在学校开展生命健康教育的重要性

学校是大学生教育的主阵地，是其成长的重要场所。学生知识的获得、品德的塑造离不开学校的教育。学校在大学生教育活动中发挥着重要的主体作用。

意大利幼儿教育家蒙台梭利指出："教育的目的在于帮助生命力的正常发展，教育就是帮助生命力发展的一切作为。"在一个以人为本的时代，生命健康教育才是教育的根本，教育是生命与生命的交流，教育只有回归生命，才能展示其应有的魅力。

我们必须将生命健康教育的理念、价值、内容和方法融入高等教育中，在高校德育的主线中实现生命健康教育的价值诉求，以实现教育的人文精神和终极关怀，对生命本体价值的珍惜与尊重，对大学生生命健康教育的缺失进行根本性的补救。因此，大学生生命健康教育应该渗透到高校的专业课程中，用教师的情感共鸣和互动来抚育学生的生命成长，构建完整的生命健康教育课程体系，建立生命健康教育制度，尽可能拓展校园内外的生命健康教育途径等，对大学生进行系统的生命健康教育。

二、学校生命健康教育的特点

（一）专门性

学校是专门教育人、培养人的场所。学校教育同社会教育、家庭教育相比，其不同之处便是学校教育的专门性。学校教育的专门性主要表现在任务的专一，学校的使命是培养人。学校教育有专门的教育者——教师，他们都是经过严格选拔并经过专门训练培养出来的。这样的教育者不仅学识广博、品德高尚，并且懂得教育规律，掌握有效的教育方法。学校教育还有专门的教育教学设备，拥有专门进行教育的手段。这一切都充分保证了学校教育的有效性。

（二）系统性

学校教育的系统性主要表现在以下四个方面：第一是计划性。学校教育是有计划的，而不是随随便便，杂乱无章的。第二是组织性。学校教育是有组织的，而不是自发无序的。第三是协调性。学校教育是协调一致的，而不是各行其是，离散冲突的。第四是全面性。学校教育是全面和谐的，而不是片面畸形的。

（三）稳定性

学校教育形态比较稳定。它有稳定的教育场所、稳定的教育者、稳定的教育对象和稳定的教育内容，以及稳定的教育秩序等。学校教育的这种稳定性，更有利于个人的发展。当然，稳定是相对而言的，它也要有相应的改革变化。稳定不是僵化，如果把相对稳定看作墨守成规、僵死不变，那就必然要走向反面。总之，学校教育具有其他教育形态所不具备的独特特点，而且正是这些特点保证了学校教育的高度有效性，使它在各种教育形态中占据主导地位。

三、学校生命健康教育存在的问题

（一）课程体系不完善

现代高校教育中，课目种类繁多，然而有关生命健康教育的学科体系尚未形成，专门的生命健康教育课程极少。高校没有完备的系统课程以及生命关怀实践活动，从而造成大学生耐挫力和忍耐力匮乏，尤其在遇到挫折时不能用乐观的心态去处理，大多容易产生失望颓废的情况，看不见生命的美好。

即使有的学校开设了有关生命价值观教育的相关课程，但其教育内容单一、教学方式陈旧，有的学校只是对生命及其价值的知识进行简单讲述，无法让学生深入感悟生命的价值和意义。而且，现行的生命健康教育并没有考虑到学生的个体性特征，无法做到因材施教。更多的学校是将生命价值观教育的内容融入思想政治理论课的“三观”（世界观、人生观、价值观）教育中，而这种“三观”教育带着浓厚的思想政治教育色彩，内容抽象化、概念化、理论化，忽略了对生命的感性认识和体验感悟的关注。

（二）体验性差

生命健康教育本身是一个体验于生活、实践于生活的教育活动。丰富多彩的实践活动能帮助大学生加深生命健康体悟，掌握生命健康知识，有助于大学生形成正确的生命健康意识和态度，促进他们追求更有意义、更有价值的人生。但是，当前生命健康教育在体验与实践方面开展得不够深入，仅零散涉及一些生命健康的内容，没有专门的生命健康体验和实践，不能针对大学生的具体情况给予针对性的实践锻炼。总的来说，仍缺乏系统性、常规性，不能使大学生在实践活动中充分地感悟生命的美好并养成正确的生命态度，不能更好地掌握各种技能，保全生命和追求更高人生的价值。

（三）实效性差

生命健康教育的最终目的是指导大学生的生命活动，在遇到实际问题时，生命健康教育的相关内容能够帮他们走出困境，例如遇到挫折时珍爱生命不轻易放弃、遇到突发情况可以进行自救和他救、对自己和他人承担起生命责任等。

从教育实施情况来看，有的高校生命健康教育的开展并不深入，大多数只是采取简单的理论授课，导致生命健康教育理论化。这样不但对学生没有多大帮助，反而加重了学习负担，解决不了现实生活中遇到的实际问题。有的高校生命健康教育虽然形式多样，开展得轰轰烈烈，但大部分是凭着工作者的热情或者上级领导的重要指示在开展工作，对教育形式和内容是否符合学生的现实需要，缺乏深入的研究，具有很大的盲目性，生命健康教育形式化现象突出。

从心理学的角度看，将生命健康教育知识内化于心、外化于行是需要一个过程的。知识只有经过认识、体验、自省、反思和情感认同的过程，才能内化于心，形成稳定的认知结构。大学生只有在生活实践中不断深化内在认知，才能形成对生命价值的思考，才能树立正确的生命价值观。

（四）文化氛围差

在当今社会各种不良因素的影响下，校园已不再是充满理想与梦幻的象牙塔。曾经神圣的净土也出现了种种不和谐的现象，校园文化中充斥了许多不良的因素，如同学关系以利益为纽带、相互争名夺利、消费上互相攀比；一些庸俗的如“读书苦、读书累，不如参加黑社会，有钱有人有地位”“学得好不如嫁得好”“宁愿坐在宝马里哭，也不愿坐在自行车上笑”等话语在校园广为流传；讲哥们儿义气，动辄大打出手；喝酒、吸烟、网游等不良嗜好蔓延；带有颓废和消极色彩的“灰色童谣”“口袋书”“不法彩票”等，这些不良因素严重污染了校园的文化环境，甚至导致有的校园文化缺乏生命涌动的气息，陷入一片死寂。

在这样的校园文化氛围中生活、学习,很多学生受不良习气的影响,养成了不健康的生活习惯,生命观、恋爱观、人生观、价值观出现偏差,暴力倾向严重,有的甚至形成了反社会、反人类人格;有的学生感到极度的不适应,对人际关系产生怀疑,找不到可以倾心交流的朋友,内心感到孤独落寞,找不到人生的价值、生命的意义,最终堕入精神虚无主义的深渊;有的学生看到学校种种不和谐的方面感到失望进而对社会失望,表现出愤世嫉俗、遇事不能客观评价或自闭等心理。缺乏涵养生命的校园文化环境,学生感受不到生命的活力、学习的乐趣、生活的美好、友情的温暖,学生的生命成长汲取不到充足的养分,因而生命显得黯淡且毫无生机活力。

(五)缺乏保障机制

就现阶段各高校开展生命健康教育的现实情况来看,目前,还没有健全完善的机制作为根本的制度保障,各级教育行政部门和高等学校并没有成立专门的生命健康教育组织机构负责生命健康教育的科研发展、课程计划、师资培训、实践操作等各项工作。现行的大学生生命健康教育大部分是草根性的工程,主要是源于教师和学术机构的自发努力,这就使得高等学校生命健康教育工作具有较大的主观随意性,缺少实施、管理方面的制度保障,教育效果也很难得到科学的评估。

另一个就是,对于学生容易出现的生命健康问题,尤其是心理健康问题,缺乏相应的咨询、预防和干预机制,造成学生在需要的时候,心中疑虑得不到解答,现实问题得不到解决,负面情绪得不到宣泄,身心状态相互影响,恶性循环。校方针对学生有可能会出现的潜在生命危急不能有效预防和及时干预。

四、学校生命健康教育问题的原因分析

(一)观念理念缺失

以人的生命发展为教育宗旨是教育本质的回归。中小学若奉行应试教育,学生的目标只是考大学,考上了大学的学生却可能失去人生的目标。大学的教育若只重视做事的教育,不重视做人的教育,即使重视做人的教育也仅限于道德教育,那么人的生命价值和意义则可能被排除在教育内容之外。这些情况从根本上讲,要归咎于生命健康教育观念的缺失。教育中的以人为本,首先是以人的生命发展为本。生命发展中的社会生命、精神生命,当以自然生命的存在为前提。实现教育本质的回归,就要改变教育观念,在大、中、小学分层次分阶段地实施生命健康教育。

（二）理论研究滞后

理论研究是教学实践的先导，正确的理论对实践具有一定的指导作用，生命健康教育的实施需要以相关的理论研究作为基础和指导。现阶段我国的生命健康教育长期缺乏深厚的理论基础做保障，学校的生命健康教育多是由思政教育者以思想政治视域内的生命认知来为大学生授课，在系统化的理论教学研究方面存在严重不足。国内学者们对生命健康教育的研究大都停留在对生命健康教育内涵的界定、实施途径、体系的建构等宏观方面的探讨，研究成果雷同，极度缺乏对实践层面的研究探讨。同时，近几年来，我国初步探究的生命健康教育课本基本是针对中小学生的，针对大学生群体的生命健康教育教材很少。基础理论研究的匮乏直接导致生命健康教育的具体实践和操作在宏观层面缺乏统一的指导，造成教育者在生命健康教育的目标上各持己见、教育内容千差万别，大都靠自身理解和经验教育、影响大学生，教学效果不尽人意。

（三）师资力量薄弱

大学生生命健康教育在国内起步比较晚，而且大多是在心理健康教育或思想政治教育的范畴内。但即使这样，需要反省的问题也比较多。最为主要的还是国内的师资力量严重不足，缺少足够多的受过良好训练的教师来教育引导学生，对学生进行生活、学业和生涯发展方面的指导。

大学里直接影响学生生命观的教师群体主要是两类，一类是辅导员，他们大都要么是研究生留校或教师兼职，要么是退休教师返聘回来的，对学生的生命观和生涯发展缺乏深入的了解和研究，而且他们很多都没有长期从事这方面工作的意识，因此，这项工作的重要意义还没有被广泛理解和接受。另一类教师是思想政治工作者，一部分工作惯例是灌输式教学，大部分缺乏生命健康教育技能，所以在指导学生的人生发展，指导其生命健康方面，往往是力不从心。如果这类教师不经过再培训而直接从事生命健康教育，那么，他们就只能从概念和理论上进行讲解授课，不能触及学生的内心世界，更不可能帮助学生解决学习、生活中的实际问题。如此说来，高校生命健康教育和学生生涯发展指导老师的师资培训已刻不容缓，如果忽略这个问题，重视大学生生命健康教育就是一句空话。

（四）缺乏文化引导

高校校园文化活动缺乏对生命健康教育的引导，突出表现在校园文化与生命健康教育脱节，生命健康教育没有融入校园文化建设中去。目前，我国高校校园文化建设形式多样，包括团日活动、主题展览、比赛演出、论文征稿等，校园成为广大师生开展丰富多彩的寓教于乐、寓教于文的教育活动的重要阵地。高校校园文化在培育大学生道德情操、调节心理压力、团结师生关系等方面发挥了重要作用。但是，目前大部分高校校园活动多以道德教育、时政宣传、生活娱乐、专业知识讲解等为主题，缺少以生命健康教育为核心内容的专题活动。此外，由于受到各种客观条件的影响，校园文化活动在实施过程中往往会受到经费、场地、时间、宣传等多重因素的限制，广大师生参与程度不高，活动流于形式，实际效果远未达到预期目的，没有充分调动学生的积极性和主动性。

（五）教育模式单一

教育模式对生命健康教育的实施效果有着直接影响。但是，受种种因素的限制，生命健康教育课堂教学采用的仍是理论灌输的方法。生命健康教育的内容应该都是贴近学生的，所以其教育方式不应该是单纯的理论灌输，而应更多地让学生参与进来。在问及大学生喜欢什么样的生命健康教育教学方式时发现，当前大学生更希望能够参与实践活动，通过实践活动来领悟生命，他们认为这种方式是最好的生命健康教育教学方式。所以说，要有效开展生命健康教育，生命健康教育的方式应该更加灵活和多样化，除了课程上的理论灌输，更应该让大学生从实践活动中体验和认知生命，进而珍惜和敬畏生命。理论学习和实践活动相结合，让大学生在生命健康教育中知行统一，深刻体悟生命的真谛。

五、学校生命健康教育的优化措施

（一）树立生命观念，形成教育体系

教育观念的深层转变是生命健康教育有效实施的前提。在现代化的征程中，在当代工业社会追求效益的工具理性中，在教育大众化、市场化的形势下，高等教育最终也没能坚守好自己的城门，被功利迷惑了视线，片面强调教育内容的实用性，注重知识和技能的传授，却对于人的精神、信仰和灵魂的塑造视而不见。“教育的生命即生命的教育”，教育只有关注生命、尊重生命，弘扬生命的活力，彰显生命的价值，才能够触及教育的本质。以生命健康教育理念为本，形成生命健康教育体系，是优化生命健康教育学校环境的第一步。

生命健康教育体系应该包括内容体系、辅助体系、监督体系和评价体系四个方面：

1.内容体系

在生命健康教育的内容上应从自然生命、社会生命、精神生命三方面出发，通过认知、实践、性情三个层次全方位开展。生命健康教育活动的开展，能使学生了解生命的起源，体验生命的尊严，追求生命价值的实现。生命知识学习、生命安全体验以及生存拓展训练，使大学生了解来自各方面的不安全因素，掌握简单易行的防范与自救办法，以规避危险与伤害；心理咨询室对大学生的心理问题、青春期困惑、危机状况进行有效指导和帮助；通过各种方式方法开展的成功教育和抗挫耐压教育，可以培养学生旺盛的生命力、坚强的意志力，以及乐观向上的人生观。

2.辅助体系

生命健康教育不仅是一门课程，而是要渗透到高校所有的教育教学活动中，充分发挥专题教育、学科渗透、课外活动三大载体的辅助作用。各高校可根据自己的实际情况，开设适合本校学生特点的生命健康教育课程，使学生经受教育后更加珍惜生命。生命健康教育实践性极强，大学生可通过形式多样的课外实践活动，在实践中掌握生命健康知识，形成正确的生命健康态度与生命健康意识。

3.监督体系

生命健康教育是一项涉及学校、家庭、社区和全社会方方面面的系统工程，需要积极探索符合学生身心发展需要的新思路、新方法，加强生命健康教育的科学性、系统性、针对性和有效性。在实施过程中，注重发展、预防与干预相结合，以发展性、预防性教育为主，同时又必须对已经发生的大学生危机问题进行科学的干预，注重自助、互助与援助相结合，形成互动互补效应，为提升学生的生命质量营造生命健康教育的良好氛围。注重学校、家庭与社会相结合，形成生命健康教育的合力。

4.评价系统

制定管理制度是高校生命健康教育制度的主观方面，与此相对应的评价系统应是客观方面的。这两方面作用的发挥，对确立高校生命健康教育在高校教育体系中的地位具有极其重要的意义。首先，生命健康教育的评价既是对生命健康教育有效性的评价，也是对学生生命意识的评价。高校生命健康教育作为高校教育的组成部分，同样应遵循教育评价的基本规律。其次，生命健康教育的实施需要人力、物力、财力等多方面的投入，相同的投入能够达到什么样的教育效果就是生命健康教育活动的效率问题。效率的高低是高校生命健康教育评价的重要依据，它从某种程度上决定着学生的认知性和接受性。一个完整的高校生命健康教育评价系统应包括确定评价目标、确定评价指标和项目、选择评价方法、培训评价人员、实施评价计划、分析评价材料、做出评价报告。

(二)完善体制机制,强化预防干预

1.建立教育组织机构

建立组织机构是生命健康教育落到实处的有效保障,笔者认为大学生生命健康教育机构应该包括以下几个层次:第一,教育部应组织成立全国性的高校生命健康教育与服务机构,主要是对高校生命健康教育与服务进行宏观规划指导。各级教育行政部门成立相应主管机构,加强对所管辖的高校生命健康教育工作的监督和科学引导。第二,各高校成立生命健康教育指导委员会,委员会直接受学校党委领导,由心理健康教育专家组成,负责指导和检查生命健康教育工作的开展情况。第三,在委员会的指导下成立生命健康教育中心,隶属校学生处,下设教学部、科研部和咨询部,每个部门应配备专职人员。中心的主要职责是全面部署大学生的生命健康教育工作,直接对大学生实施生命健康教育;积极开展科学研究,探索新形势下有效的生命健康教育模式。第四,各学院要成立相应的生命健康辅导中心,至少配备一名专或兼职的生命健康教育辅导员,可以是主管学生工作的领导,负责咨询队伍的建设和生命健康教育工作的实施。第五,充分发挥学生社团和党员干部的作用。可以成立大学生生命健康协会和学院党员干部生命健康服务队等,以便及时发现和解决问题及异常个案。

2.制定各项规章制度

大学生生命健康教育是一项系统工程,要使各组织机构有效运转,必须有完善的管理体制和严格的规章制度。首先,教育部应在原有文件的基础上出台相关制度和政策,明确各级教育行政部门的责任,对高校生命健康教育的师资和软硬件做出明确规定,对生命健康教育的实施与组织提出具体要求。其次,各级教育行政部门要按照教育部的部署,把生命健康教育作为一项重要任务来抓,根据各地实情制订切实可行的方案,重点抓好所管辖的地、市、区高校生命健康教育的落实及其研究工作。最后,各高校党委、行政部门应把生命健康教育纳入重要议事日程,采取有力的措施,从人力、物力、财力等方面给予支持,要有适应生命健康教育需要的人员编制、经费保证,配备必要的教育和咨询设备,明确教育、咨询服务及研究人员职责,并优先解决其职称评定以及岗位津贴等待遇问题。生命健康教育指导委员会应根据本校大学生的特点,制定详细的管理、实施、督导制度,为高校生命健康教育提供科学的指导和依据,保证高校生命健康教育工作正常、有序、深入和健康地发展。

(三)深入理论研究,丰富课程教育

要把生命健康教育作为一个专项的教育科研活动,全面启动生命健康教育理论科研项目，加大相关领域科研资金投入。高校开展生命健康教育应以理论指导实践，应一手抓科研，一手抓实践，以科研促教学，努力寻求高校开展生命健康教育的工作规律，促进生命健康教育的深入开展。

此外，在开展大学生生命健康教育课题的研究过程中，要科学地界定不同年级、不同群体学生的需要，从而使有不同需求的学生，可以接受不同程度、不同内容的授课和锻炼，获得不同程度的改善和发展。还要发扬合作精神，不断扩大不同区域、不同学校之间的学术交流。在互助互补中，基本掌握大学生生命发展的规律和特点，进一步探索大学生生命健康教育工作的新途径、新方法，不断解决大学生生命健康教育中遇到的各种问题，努力实现广大教育工作者的个体素质和教师队伍整体水平的进一步专业化，推进大学生生命健康教育工作朝着系统化、规范化、整体化和科学化的方向迈进。

在理论研究的基础上，要丰富生命健康教育的内容，完善生命健康教育的课程，包括专门课程和其他的课程渗透。

一方面，专门的课程要更系统、更全面、更科学，教学要基础化、常态化、普遍化。生命健康教育专门课程要能够使大学生了解生命的常识、掌握生存的技巧，加强对大学生生命观、价值观的引导，帮助他们理性思考生命的意义，用积极乐观的心态感受客观世界，欣赏生命的美好，焕发生命的光彩。

另一方面，生命健康教育的内容丰富，可以尝试把生命健康教育的理念灵活地融入各个学科的教学过程中。其一，在高校思想政治理论教育课程中融入生命健康教育，可以将生命健康教育的内容融入人生观、价值观的教育当中。其二，将生命健康教育渗透于专业课程中。我们在以大学生思想政治理论课为基础来加强大学生的世界观、人生观和价值观教育的同时，还可以通过专业课程来强化大学生的生命健康教育。将生命健康教育融入各专业课的教学中使其成为专业课教学活动的组成部分，能够让学生在接受专业知识的同时领悟生命健康教育的精华，使学生从不同角度和不同层次认识生命或获得启发，从而形成对生命健康教育更加全面深入的认识。

（四）培养教师团队，强化师资力量

由于生命健康教育在我国属于一个新的领域，而且它的教育内容广泛，教育对象较多，方式方法灵活，所以，要在高校开展生命健康教育必须要培养一定数量的、相对稳定的教师队伍。而且，生命健康教育对于教师的要求比较高，不仅要有过硬的科学文化素质，更要有良好的人格素质，要懂得尊重学生、关心学生、爱护学生。同时，生命健康教育的严肃性和重要性也对生命健康教育教师队伍的质量提出了很高的要求。因此，建设一支高素质、具有人格魅力的师资队伍是十分必要的。

另外，如前文所说，生命健康教育是一门比较特殊的学科，由于其所研究的对象是人的生命自身，所以在各个学科中都可以渗透、交叉，而且这种渗透、交叉也可以作为生命健康教育的一种辅助教育方式。这就要求各学科的老师都具备一定的生命健康教育素养，能够根据自己的学科、专业特色，进行一定的生命健康知识的积累。最好是能够将生命健康教育能力作为教师职业的基本素质和技能来考查。

教育不是闭门造车。时代在发展，学生在变化。针对这些现实状况，有必要为老师提供一些培训机会和交流平台。这种培训和交流可以常规化。

（五）丰富教育模式，注重学生体验

大学生生命健康教育涉及内容广泛，仅凭单一的教学手段不能实现很好的教育效果，应该通过社会、学校、家庭的全力配合，再通过不断创新的教育模式来对生命健康教育进行拓展。因为生命是多彩的，所以生命健康教育的形式也应该是丰富多彩的。教师在生命健康教育过程中，要改变传统的讲课方式，不能一味地灌输，可以尝试一些新的教学模式，例如专题讲座、辩论赛、社会实践等，引导学生进行自觉性的生命学习，让学生体验生命从而感悟生命。

实践是认识的基础，是认识发展的动力，也是检验认识真理性的唯一标准。高校通过直接或是间接的方式向大学生讲授有关生命的理论知识与技能，这些对于大学生来说是间接经验，让大学生通过实践把所学的间接经验回归到现实生活中去，不仅能检验知识的正确与否，还能加深学生对知识点的理解。因此，高校开展生命健康教育应该认知、体验与实践相结合，使大学生不仅具有理论知识，还能借助社会实践将生命健康教育的影响生活化，使大学生在各种各样的社会实践中体验生命的乐趣，从而感悟生命，达到对生命价值的深刻认识，使生命境界不断升华。

高校还可以组织学生走出校园，参观爱国主义教育基地，参加志愿服务活动，增强学生的爱国主义情怀，在服务社会和他人的过程中加深对生命的感悟，进而更加尊重、珍爱生命。总之，社会实践活动有助于大学生丰富精神世界，提升人生观和价值观。

（六）营造学校氛围，注重文化熏陶

环境对人的影响是独特的，所以当前开展大学生生命健康教育不仅要在学校课堂上进行，而且还要在学校里创建一个和谐、充满朝气和生命力的校园环境。

首先，要建设一个环境优美、充满文化内涵的校园环境。师生都愿意生活在一个整洁干净、绿树成荫、鲜花绽放、清新优雅的校园环境里，因为这样的环境能够使他们心情

舒畅，精神振奋，愉悦地学习和工作。苏霍姆林斯基曾经说过善于教育的教师可以让校园里每一面墙壁都说话，就是指学校文化环境潜移默化地培养人的功能。

其次，建设充满生命关怀的校园文化环境。除了硬件建设外，还需要进行校风等软件建设。在校园文化建设过程中加强对中国传统文化中的生命哲学思想的宣传，不仅要尊重而且还要弘扬传统文化，把传统文化当作我们开展教育活动的理论支持和文化来源，让整个校园充满欣欣向荣、生动活泼的校园文化。

再次，要开展多种多样的学校文化活动。如通过开展体育竞赛活动锻炼大学生的体魄，磨炼他们的坚强意志；可以通过每月开展心理健康教育活动，让学生了解心理健康知识，增强其抗挫折能力。

最后，学校还可以定期举办有关如何健康生活的专题活动，比如食品安全、药品安全、禁毒、预防艾滋病、恋爱教育、抵制邪教的讲座等，引导大学生拥有健康的生活方式，增强保护生命的意识。

第二节 大学生生命健康教育的家庭环境与优化

一、在家庭进行生命健康教育的重要性

家庭是孩子成长的摇篮，是学生心灵的港湾，也是他们成长的第一所学校。在生命成长的过程中，家庭教育承担着教导生命由蒙昧走向开化的使命。父母作为孩子成长过程中最初的老师，以亲子间的生命之爱，引导人从一个单纯的自然生命走向社会生命和精神生命所属的世界。家庭因素在大学生生命价值观的形成过程中起着重要作用。

家庭是组成社会的基本单位，是生命传承之所在。在家庭进行生命健康教育是其题中应有之义，因为生命的传承不仅仅是指生命血脉之延续，还包括生命意义和生命智慧的传承。有学者提出，家庭教育是"三道"教育，分别是"为生之道"，其核心是生命健康；"为人之道"，其核心是生命价值；"为学之道"，其核心为生命智慧。这在一定程度上说明了，家庭教育的核心就是生命健康教育。

而且，家庭贯穿学生的整个生命过程。在家庭中进行生命健康教育能够让孩子直观地感受到在家庭环境中生命健康的意义和价值。对于将来孩子组成自己的家庭，营造良好的家庭氛围，有一定的示范作用。

二、家庭生命健康教育的特点

（一）原生性

原生性作为家庭生命健康教育的首要特征，包含两方面的含义：

首先，家庭生命健康教育是人类族群延续和继承的应然行为，是与家庭共存的。家庭的源生性在于它是与人相关的生存的归宿和灵魂的寄托之处，是生命的源头。家庭成员之间的血缘关系，是人与人之间最根本的关系，正是这种根本的血缘关系和先辈对于

后辈与生俱来的责任感，维系了人类生命的存在与发展。其中，人类文化与社会意识形态经过教育和实践内化为个体的精神与气质，而家庭对于个体人格与精神形成的影响因素包含遗传因素、教育因素和环境因素，这些因素既是初始的，又是陪伴个体时间最长的因素。因此，家庭的存在本身也就蕴涵了家庭生命健康教育存在的必然。

其次，家庭生命健康教育是传递生命之爱的行为，父母是自然的教育者，拥有自然的生命健康教育的资格。父母对孩子有生命性关爱，通过家庭教育行为，以实现对孩子的生命之爱，这种“爱的教育”是最为微妙、细腻、无私的，是身为父母者不容被质疑的生命权和教育权。父母积极的生活态度，高尚的人格魅力，严谨的行为举止都是促进孩子的精神与心灵健康成长的宝贵教育资源，也使父母成为最自然的生命健康教育者。

(二)连续性

生命的发展是一个连续的过程。家庭生命健康教育注重个体精神品质的提升，但这并非朝夕之力所能及，而是一个长期的过程，是个体在形成较为稳定的行为方式的基础上，内化为个体良好的习惯和人格的过程，这更需要稳定持久的教育熏陶。杜威就将连续性视为教育活动的一个重要侧面，他认为任何一种教育活动都必须与学生入学前的个人生活经历相连接，同时，也必须与他们未来的生活相连接——拓宽或者加深他们的未来生活经验。尽管杜威针对的是学校教育，但从中可见连续性对家庭生命健康教育的重要作用。

家庭生命健康教育的连续性优先体现在教育者和教育场所方面。家庭作为生活的基本组织单位，其相对稳定的生活环境和家庭成员之间持久的互动关系，使家庭生命健康教育的场所和教育者较少变化与更换，这种连续性能使每种体验都从生活的连续性中产生，并且同时与生命相连；在教育环境方面，家庭这个自然的生活环境对个体在思想和情绪上的影响是连贯的，有着潜移默化的功效，“蓬生麻间，不扶自直”就说明了家庭自然环境长期、连续的教育作用；体现在教育时间上，家庭生命健康教育在时间上具有终身性，父母与孩子共同生活的过程，就是父母对孩子进行连续观察、全面了解和系统教育的过程；体现在教育资源上，家庭成员在长期的共同生活中形成的，并为全体家庭成员共同遵守和享有的家庭文化是重要的生命健康教育资源。积极的家庭文化既浓缩了变迁中的社会文化，又具有浓郁的家庭个性，渗透在家庭生活的各个方面，通过日渐日深的熏陶，感化、塑造着孩子美的心灵、美的语言和美的行为。

（三）实践性

实践性是家庭生命健康教育的一个重要特点。当学校生命健康教育通过有计划、有组织的教学活动对大学生进行生命知识与生命意义的教育时，家庭生命健康教育则把这一切溶解在日常生活当中。教育的意图、内容、方法等均蕴含于具体的生活事例中，体现在家庭生活的各个方面、各个环节，孩子们可以直观地体验。从物质生活的吃、穿、用到精神生活的家风、家规、人际关系以及文化生活，如读书、娱乐、谈心、聊天等，都包含着生命健康教育的因素，这在很大程度上影响着孩子思考些什么，希望些什么，为什么感到痛苦和快乐。可以说，家庭生命健康教育无时不有、无处不在，存在于家庭生活的时时刻刻、方方面面。

家庭生命健康教育的实践性不仅通过个人与家庭环境间的互动来保存和改善人的生活品质，而且从个体发展的角度看，它对个体的思想、精神更具有本体的意义。人要想成为完整的人，全在于自身的不懈努力和自身的不断超越，并取决于日常生活的指向。现代科学研究同样也揭示出，基于生活经验形成的情感素质和人格品性，对人的影响作用比知识更为重要。日常生活中的饮食起居和亲情交流不仅影响着人的身体状况，也在很大程度上影响人的思维方式、思想内容、行为习惯及表达方式。就像物理学中的“磁场”，使置身其中的家庭成员不由自主地受其影响。如果家长能够在日常生活中严以律己，抓住时机对孩子予以正确的引导，及时纠正孩子思想上的偏差，就会产生长善救失的教育效果。

三、家庭生命健康教育存在的问题

（一）生命健康教育意识缺乏

学生的生命观是以少儿时期的思想、观念为基础在潜移默化中形成的。少儿时期，家庭的气氛不同，家庭成员的认知、观念、行为不同，往往会使子女产生不同的思想观念。家庭是子女生命健康教育的基础，在子女生命健康教育中处于核心地位。但是中国父母普遍缺乏生命健康教育意识，忽视对孩子进行生命健康教育，尚未形成这方面的自觉行动。往往对生命这一话题避而不谈或含糊其词，造成学生从小便忽视对生命的认知和探寻。

（二）生命健康教育内容分离

生命的整体性是个体生命形成和发展的基础性条件，作为三重生命的综合体，从来就不是某一部分的单方面切入，而是以整体的形式参与成长的全过程，生命任何部分的病变或异化都会延缓或阻碍生命整体的发展。然而，当前许多家长以片面的、支离的甚至是单一的培养目标来要求孩子，只关心孩子的知识学习与智力发展，忽视了学习本身给孩子带来的快乐，让孩子把学习当成了谋生的手段，而把品德、情感、责任心等心理动力因素置之度外，不太注意孩子自身兴趣的培养、独立人格的塑造，没有考虑到孩子的实际情况与内心渴望，使家庭教育造就出越来越多的“单面人”。

（三）生命健康教育方式欠妥

正确的、科学的家庭教育方式对孩子人格的完善和身心的健康发展具有十分重要的影响。目前，现在的大部分大学生都是独生子女，家人对孩子普遍倾向于溺爱，孩子的欲望可以轻易得到满足，他们往往很难掌握控制欲望的技巧，或者根本没有这方面的意识。这些缺乏节制训练的孩子，缺少一定的社会生活的必要意识和技艺，也不大关注他人的存在和价值，缺乏规范和规则意识，一旦自己遭遇突发情况，很可能会失去理智。

（四）家长素养不足

由于历史原因和社会现实原因，许多家长自身知识水平不高，并不具备良好的生命健康知识素养，不能有效地为子女解答涉及生命健康的疑惑。同时，由于社会和自身的原因，部分家长也可能缺乏行为素养。在日常行为处事中，不能为子女起到表率作用，达到教育子女的目的。这些情况只会令子女在相关问题上更加困惑，最终有可能形成认知障碍。

（五）家庭氛围不和谐

良好的家庭氛围并不在于父母给子女提供一个衣食无忧、宽敞舒适的“安乐窝”，而是应该以子女的身心健康发展为前提，在为子女创造一定的家庭物质条件的基础上，营造一个和谐、温馨、民主、宽松、愉快的家庭精神氛围。目前，不少家庭由于生活压力、工作压力，夫妻之间往往会无休止地争吵，父母与子女之间存在思想观念上的差异，这些都会造成双方情感交流的欠缺。紧张、冷清的家庭氛围更加剧了本就承受着巨大生存压力和社会竞争压力的大学生内心的焦虑感、疲惫感和无助感。

家庭经济状况也在潜移默化中对青少年的生命观施加影响，经济因素对青少年生命观的影响在大学生中表现得最为突出。家庭经济困难的大学生，除了要面对学习压力、个人发展及就业压力外，还要面对沉重的经济压力，在生活中面临的困难也会比其他同学多，这让他们备感生活的艰辛和不易。当重重的压力导致他们身心疲惫、不堪重负时，他们对生命的最大感受是“累”，可能因此看不到生活的目标和乐趣，从而寻求精神的麻痹或结束生命来摆脱这种困境。同时，经济的贫困可能会让他们感到极度的自卑，怯于与他人交往，从而封闭自己、压抑自己。经济的贫困也会导致青少年走入另一个极端，即具有极强的自尊心、过度敏感，任何一件小事都有可能成为他们过激反应的导火索。

四、家庭生命健康教育的优化措施

(一)树立生命健康意识

家庭教育的生命健康意识是建立在父母对生命的基本特征、生命发展和完善机制总体的认识与把握基础之上的。树立生命健康意识就是父母要意识到生命健康教育是养育子女中很重要的一部分，体现在父母对孩子生命成长过程点滴的关注，是父母厚爱、尊重、理解与宽容孩子的情怀，是一种浓厚的人文关怀。父母树立生命意识的关键就在于尊重孩子的生命主体，尤其是尊重他们的精神世界。大学生基本上都已经成年，具有很强的自我主体意识，他们正处于人生的转折点，面临着各种抉择，更渴望得到父母的尊重与理解。

(二)坚持正确教育理念

首先，家长要坚持正确的生死观。家长不应该在孩子面前回避此类问题，更不应该在孩子问及此类问题的时候训斥孩子，要坦然地和孩子进行交流。

其次，家长还要秉承平等的教育观。父母要改变以往的家长专制的传统思想，要和孩子建立平等的关系，要听取孩子的意见和理解孩子心里的想法。父母不仅要和子女在地位上保持平等，还要和子女在心灵的沟通上保持平等。

最后，父母还要树立正确的成才观。望子成龙，望女成凤，希望子女能在学业和事业上有所成就是人之常情。如果把能否上好大学、挣大钱、当大官作为孩子成才的标准，此类家长的眼界就太狭隘了。家长应该明白：品德高尚，能够为他人着想并且具有仁爱之心的孩子也是伟大的人。

(三)做好子女榜样示范

马卡连柯曾指出:“父母对自己的要求,父母对自己家庭的尊敬,父母对自己一举一动的检点,这是首要的和最基本的教育方法。”父母的言行举止,父母对自己的要求,会直接地、长期地影响孩子的思想以及行为。以孩子的生命发展和精神发展为导向的家庭教育中,父母以身作则,榜样示范的作用不可或缺。父母所具有的良好品质和精神素质本身就是一种教育力量,助力子女成长为身心健康、德才兼备的人。父母懂得珍爱生命、热爱生活,才能帮助孩子树立正确的生命观、价值观,才能引导孩子珍惜生命、尊重生命、热爱生命。所以,这就要求父母严格要求自己、身体力行、率先垂范,为孩子做好榜样示范。

(四)强化子女责任意识

社会心理学认为,家庭是社会的基本单位,也是个体社会化的主要场所,在个体生活的微观环境中,父母与子女的互动影响个体早期的社会化的进程。现在大学生大多是独生子女,从小父母、爷爷奶奶对他们过分疼爱,对其生活包办代替过多,对其错误言行及不良习惯放任自流。这样使他们养成了任性、依赖、骄横的心理,适应生活能力差,社会交际能力弱。家庭在对子女的独立与责任意识的教育方面起着重要作用,因为家庭教育是建立在血缘、物质和情感联系等基础上的,它的最大特点是父母及其他长辈的思想、品德、习惯不知不觉地影响着孩子。这种影响主要是通过日常生活中的言谈举止不知不觉地传给孩子的。大学生在校期间虽然离开了家庭,开始了独立生活,不能直接受到父母的影响,但是他们在离开父母的时候,父母总会再三叮嘱。随后,书信来往,电话联系,节假日接触,父母都会明确地向子女提出自己的愿望和要求,从而促使他们成为意志坚定、积极乐观、健康向上并负有强烈责任感的青年。

(五)培养子女生命情感

首先,要教育孩子学会感恩。只有心怀感恩的人才会富有爱心和真挚的情感,才会成为人格健全、心灵健康的人。当感恩成为人生命中的一部分,成为人对待生命的态度时,生活中的一切事情将会变得简单,生命就是快乐的、充实的。在家庭中对孩子进行感恩教育就是要以情动情,提升孩子的精神品质。让他们认识到自己是一个受到恩惠的人,从而产生回报恩惠的意识和行为,在生活中宽容、理解他人,与他人坦诚交往,微笑面对每一个帮助他的人和那些需要帮助的人。

其次,要培养孩子自强与坚毅的精神品质。人生的旅途中除了有宽阔的阳光大道,还有崎岖的小路。挫折是人生必然要面对的,因此,对孩子进行挫折教育是家庭生命健康教育不能回避的内容。大学生在学习和生活中,难免会遇到挫折,父母应当帮助孩子正确地认识自己,不回避、不惧怕挫折,客观冷静地面对困难。在孩子成长与发展的道路上,父母应根据孩子的实际条件和特点,帮助他们确立适当的发展目标。一旦孩子遇到挫折,父母应利用挫折带来的积极因素,锻炼孩子坚毅的精神,磨炼生命的意志,使他们能以积极的心态去战胜困难,从而珍爱生命。

(六)实施正确教育方式

家庭教育中,家长的教育方式也至关重要。正确的教育方式有利于孩子的成长成才,而错误的教育方式则会产生相反的作用。在调查中发现,相对于打骂的棍棒式教育,大学生们更喜欢与家长朋友式的交流。而面对家长棍棒式的教育方式,一些大学生曾经萌生过放弃生命的想法。可见,错误的家庭教育方式是非常可怕的。因此,家长要对孩子使用正确的教育方式,既不可以过度打骂孩子也不能溺爱孩子,要循循善诱,因势利导。经常与孩子沟通,及时了解孩子的想法,对于孩子错误的想法应及时给予纠正。切忌把自己摆在绝对权威的位置,要求孩子听从自己的一切。同时也要发挥好家长的榜样模范作用,注意在孩子面前的言行举止,用自己的一言一行来影响孩子的健康成长。

(七)营造良好家庭氛围

父母要想培养孩子健全的人格,就必须要营造一个轻松和睦的家庭环境。和睦的家庭关系表现为夫妻之间要相亲相爱、长辈和晚辈之间要体现尊老爱幼的传统美德。和睦健康的家庭环境,有利于个体身心健康地发展。大学生身心发展比较成熟,具有较强的独立意识和张扬的个性特征,不喜欢太多的控制和约束。因此,父母需要充分了解和掌握孩子在这个时期的发展特征,改变传统的说教和命令式的教育方式,建立一种民主、平等的关系,营造一种轻松和谐的家庭环境,加强与孩子的情感沟通,让自己成为他们的朋友、知己。

第三节 大学生生命健康教育的社会环境与优化

一、在社会进行生命健康教育的重要性

社会教育是大学生生命健康教育的有益补充。生命受之于父母,成长于社会,大学生生命健康教育工作不仅需要学校主导、家庭配合,更需要全社会的大力支持和广泛加入。

社会,包括现实的社会环境和虚拟的网络社会,对大学生的影响与日俱增。社会环境不仅是大学生生命养成的沃土,而且还决定着学生在学校或家庭中接受的纯粹正向的生命健康教育能否在社会中找到实践环境,学校生命健康教育的一些基本认知能否免受干扰。社会教育对于个体的社会化和生命成长具有重要的意义,社会教育在生命健康教育中发挥正能量,是大学生生命健康教育有效开展的关键之一。

人是社会关系的产物,每个人的全面发展过程都必须在社会中完成,每个人都无法逃脱社会这个大熔炉。大学生作为新生的国家建设的中坚力量,他们的生命必须在社会中磨炼。而社会生命健康教育也无处不在,它通过社会现象反映出来,充分发挥自身独特的开放性、全民性、实用性和终身性的优势,时刻对大学生进行显性或隐性的教育,对大学生的生命观形成既有正面的积极引导,又有负面的消极影响。

二、社会生命健康教育的特点

(一)教育方式的多样性

社会生命健康教育的方式多种多样,根据实际状况的改变而改变,或是道德感化,或是生活体验,或是人文熏陶,或是多种方式的有机结合,因时、因地、因事、因人的不同而有所区别,其效果亦有所区别。

（二）教育内容的复杂性

社会生命健康教育的内容是复杂多变的。这是导致社会思想混乱的根源之所在。一个和另一个说的不一样，甚至相反，昨天和今天也在大的方面背道而驰，这种因素对生命健康教育的影响是绝对不容忽视的。不同形式的社会生命健康教育不能殊途同归，从本质上说，还是由教育对象——人是复杂的这一根本原因所决定的，即人的复杂性决定了社会生命健康教育的复杂性。在任何时候都不能回避社会生命健康教育的这一特点，回避了这一特点，社会生命健康教育必然是虚伪的、失败的。

（三）教育素材的现实性

社会生命健康教育所使用的教育素材，不是书本上冷冰冰的文字，也不是老师口中抽象的概念和复杂的理论，而就是活生生的人、纷繁复杂的世事和现实的社会自身。这种体验是真实的，这些社会现象也是不可逆的。

三、社会生命健康教育存在的问题

（一）社会对于生命的态度较为漠视

“事不关己，高高挂起”已成为中国社会的顽疾之一，例如，即使在大白天，一个人被众人殴打，我们看到的可能不是有人伸出援手，而是众人驻足围观或是视若无睹。这种“各人自扫门前雪”“防人之心不可无”的意识导致部分人对生命持冷漠的态度。这种冷漠的态度在无形中对学生产生了一定的影响。

（二）社会发展与变革导致教育功利化

随着社会发展，人们生活水平提高，教育被放在越来越重要的位置上。但是在注重个人利益、功利化的背景下，教育的功利化也逐渐凸显出来。首先是学校，一切用升学率说话，学生的高升学率成为招生的筹码，学校不再是学习的乐土，升学、考试、补习这些高压的词语逐渐填满了学生的生活。其次是教师，教师对待学生也慢慢有了功利化的影子，成绩优秀、有背景的孩子受到更多青睐，普通学生的身心发展不被关注，这也是引发学生生命健康问题的重要原因之一。最后是学生，考高分只是为了升学、找工作，逐渐失去了学习的乐趣。在社会竞争的大背景下，寒门学子只有不断地读书升学才能走上生存的捷径。同时，教育和物质利益更多地联系起来，功利思维日益向教育领域渗透，教师和学生、学校和家庭都被卷入其中而难以自拔，师生关系、家庭与学校的关系也不可避免地沾染上了功利化的色彩。在功利化社会背景的影响下，学生容易产生错误的生命价值观念，同时学生的身心成长容易被忽视，师生容易脱离教育的本质，随之，学生生命健康问题更加明显。

（三）激烈社会竞争带来生存压力

随着社会竞争不断激烈，大学生会感到来自多方的压力，这些压力对他们的精神世界造成强力挤压。在小学、初中、高中，学生要面临升学考试带来的压力，好不容易到了大学，又即将面临毕业后走入社会寻找合适工作的压力。在来自学业、人际关系、就业等方面的多重压力下，一部分大学生的精神世界不足以作为支撑，对生命的意义和价值更是无从体会，甚至有的学生会选择结束生命来逃避这些压力。

当今大学生就业难的问题更加突出。大学生群体本来就是同龄者中的佼佼者，怀抱更多人的期待。但是高校不断扩招，而人才需求在不断减少，虽然社会一直呼吁关注大学生就业保障，但一职难求的现象仍很普遍。求学期间大部分大学生还是依赖父母，毕业之后需要独立生存，如果没有解决就业问题，大学生很容易缺少基本生存保障。如果基本生存都难以维持，生命观、价值观就会受到影响，从而无法理性解决生命困惑。一些大学生在长期的生存压力下产生自暴自弃的想法，对生活失去信心与动力，从而不能对抗压力，变得敏感自卑、暴躁易怒，甚至选择轻生来逃避这些压力。虽然高校教育中已经开展了心理辅导、就业指导等课程，但很难引起大学生对于生命的反思。

（四）多元文化思潮的冲击

经济全球化是我们这个时代的主要标志，是世界开放的基础。经济全球化对生命健康教育来说是一把双刃剑，利弊共存。经济全球化有助于人类形成共同的生存理念和价值观念，为生命健康教育提供新的契机；有助于进一步挖掘人的潜能，为生命健康教育提供良好的人本基础。但与此同时，全球化对生命的发展也提出了挑战和压力。这种压力不仅包括生存压力，还包括多元文化思潮背景下意识形态较量和价值观冲突所导致的精神失落和思想迷茫。大学生的世界观、人生观、价值观以及心理发育还未完全成熟，他们在多元文化背景下难免会受到各种文化思潮的冲击和影响。譬如：功利主义思潮的泛化使大学生逐渐陷入物质取向和精神迷茫之中，这种现象在大学生的专业选择和未来择业、就业中尤为明显；后现代主义思潮强调差异、挑战传统、张扬个性，对当今大学生自我意识的觉醒、个性的张扬、情感的丰富等具有一定的积极作用，但另一方面它又使青年一代以一种新新人类的姿态无所顾忌地走进一种表面化、平面化的现实生活享受中，而对生活形而上学地思考，对生命意义的关怀、对社会责任的担当则缺乏应有的关注和重视。

（五）网络传媒对教育资源造成干扰

现代传媒已经变成了人们日常交流的重要方式，也是人们获取信息的重要渠道，传统的广播、报纸正逐步被微博、微信、抖音等一系列的网络媒介所替代。网络传播同样是“全球化”形成的重要步骤。大学生容易接受新鲜事物，从网络中他们可以接触到更多的知识，获取更多的教育资源，例如，课堂上不懂的问题可以在网络上搜索讲解视频，寻找相关题目进行练习等，但如何筛选其中的利弊信息是困难的。一些色情、暴力的内容在网上传播，对大学生的身心发展造成不良影响。同时，部分大学生过分依赖于网络，无法将网络虚拟世界与现实生活的世界区分开来，沉迷于网络游戏，将游戏中的角色与自己相关联，在特殊环境与刺激下自杀或杀人的事例真实存在着。

我们的网络监管还存在着诸多不足，各种传媒为了占据更大的市场份额，不惜做出违背道德、不顾青少年身心健康的事情，大量夸张、虚构的报道每天都有。如果大众传媒不能在传播信息时散发出正能量，一味追求点击率，会导致大学生产生效仿的心理，相信错误的价值导向，对于社会现状的认识也会存在偏差，从而对于生命不能正确对待和理解。在错误观念的引导下，大学生容易形成错误的生命价值观念。

四、社会生命健康教育的优化措施

（一）政府要加大关注的力度

近年来，在各级党和政府的重视下，生命健康教育越来越引起社会各界的关注和重视。中国宋庆龄基金会联合有关部门自2005年发起了首届中华青少年生命教育论坛之后，陆续推进设立青少年生命健康教育基金、建立青少年生命健康教育基地、培训青少年生命健康教育师资、每年举办一届青少年生命健康教育论坛、举办青少年生命健康教育全国高校巡回演讲、开展生命健康教育先进学校和个人评选活动、举办青少年生命健康教育家长讲堂等系列活动，用实践进一步证明生命健康教育无疑是青少年健康成长的良方，现代社会环境的净化剂、解毒剂。为更好地提高大学生生命健康教育的效果，希望党和政府能加大关注的力度。具体做到：

第一，提高认识，强化领导。各级政府部门要从加强和改进大学生思想道德建设的高度理解和重视生命健康教育工程，要从关注未来、温暖民心的角度抓好生命健康教育工程，以务实的干劲把实事做实做好。各级教育行政部门要制订具体可行的实施方案，制订详细的工作时间表，认真完成各项工作目标。

第二，确保经费投入。各地要设立专项资金，加大经费投入，确保大学生生命健康教育工作的顺利开展。

第三，建立生命健康教育网络和工作机制。各级教科研部门要有专人主抓生命健康教育工作，形成省、市、县（区）、学校四级生命健康教育网络，确定生命健康教育实施方案。

第四，开展专项检查和评估。大学生的生命健康教育要纳入学校教育的议事议程，作为思想道德建设的内容之一，接受各级教育督导的检查评估。

同时还需加大宣传力度，营造全社会关心和支持大学生生命健康教育工作的良好氛围。

（二）完善社会保障的各项措施，为生命健康教育创造有利条件

首先，要善于合理利用社会资源，使它们得到充分的发挥。构建学习生命健康知识的场所，社会可以提供给大学生图书馆和博物馆并安排专人进行知识的讲解，还可以邀请公安、消防、医院等部门进入校园里开展宣传活动，以实际案例进行讲解并和学校一起开展生存技能演练。其次，社会可以设立专门的心理咨询热线，帮助大学生疏导自己无法解决的心理问题。再次，教育部门可向刚刚踏进大学校门的大一新生发放《心理健康手册》《急救手册》等，增强他们对生命的认知，减少校园暴力等不幸事件的发生。最后，国家还要完善立法，为生命健康教育的开展提供法律的保障。

（三）制定有利于生命健康教育的方针政策

我国作为一个人口大国，在各项资源紧缺的情况下，社会上出现了各种各样的竞争。对于大学生来说，不断推行的扩招政策，使大学生这个群体越来越庞大。当代的大学生面临的压力也随之加大，其中就业形势最为直观和紧张，毕业后，大学生走向社会变得更加茫然无措，应该呼吁社会制定有利于大学生生命健康成长的方针政策，帮助他们尽快适应社会，平稳度过生命的过渡点。

第一，是从心理方面，为大学生建立心理档案。越早建立越好，也可以使档案中的信息更加丰富和全面，方便有关人员第一时间直观地了解大学生心理成长的轨迹。心理档案提供的主要内容包括：学生的一些背景资料，学生的受教育经历和智力水平、特点等，

还应该包括性格分析方面的内容，通过性格分析了解其心理特点。相关人员可以通过大学生的发展轨迹来对其求职的岗位及性质给出建议。

第二，提供有效的就业指导平台。调查数据显示，大部分当代大学生面临的最大压力来源于就业。可以组织一些专家和志愿者，建立免费的大学生就业咨询平台。现在虽然各种招聘网站异军突起，但存在着管理混乱，企业良莠不齐的状况。大学生就业难早已是全社会关注的问题，现在由社会各界力量为大学生组建一个这样的平台，不但可以帮助他们获得更好的就业渠道，更重要的是从心理上为他们减轻压力，使其乐观面对生活，从而避免大学生时刻处于怀疑自己生命意义、认为自己无法创造生命价值的情况发生。

（四）设立生命干预救助机构

生命健康教育不仅是家庭和学校的责任，社会教育也有其不可替代的作用。建立社会干预救助机构，通过社会干预救助，维护每一个生命，免于被侵犯，以及免于自我伤害的权利；维护每一个生命、追求生存、健康、快乐以及爱与被爱的权利是社会不可推卸之责。

“希望24热线”在上海开通，致力于培养每一个人觉察生命、发展生命、享受生命的能力，通过建构全方位三维立体的生命健康教育宣讲体系、危机干预体系与危机（灾难）应急派遣体系，提高公众对自杀现象的认识，帮助广大市民了解防御自杀的有效方法，从而建立积极正向的生命认识与人生态度，提升生命质量。

自杀求助热线已经被证实是预防自杀行之有效的方法之一。它的主要功能是通过电话为自杀高危人群提供咨询和帮助，进行情绪疏导，挽救生命。许多发达国家目前都设有“危机干预网络”，由危机干预热线和警方、消防队、急救中心、精神病院、社区组织等组成。危机干预热线接到求助电话后，一方面对那些打算自杀的人进行情绪疏导，一旦疏导失败，“危机干预网络”将会采取统一的行动，最大程度挽救生命。

目前社会上关注心理问题的群体主要还是在关注人群的普通心理问题，自杀危机干预还是没有得到很好的推广以及关注。希望将来有更多官方的或民间的社会干预求助机构成立，对当代大学生的生命健康教育起到良好的推动和促进作用。

（五）发挥非政府组织的重要作用

非政府组织是社会组织的重要组成部分。近年来，非政府组织在公共服务领域扮演着越来越重要的角色。发挥非政府组织在生命健康教育中的重要作用，就是要利用非政府组织处在政府与企业中间地带的优势，有效地沟通、连接政府和企业，弥补政府和企业在生命健康教育方面的不足，并以此服务社会。

非政府组织具有创新性、灵活性的优势，具有与基层联系密切、了解基层实际情况的优势，具有成本低、效率高的优势等，而且非政府组织具有公益性。这些优势使非政府组织在进行生命健康教育、解决社会生命健康问题方面有着政府和企业无法替代的作用。

（六）营造正面传媒导向

在这个网络化时代，大众传媒对大学生的影响是无处不在和不容忽视的，学校需要联合政府利用传媒的有效资源，在生命价值观上加强正确的生命认知教育和思想引导。利用广播、电视、网络等多种传播媒介，通过公益广告、知识竞赛、宣传典型人物等各种形式来进行生命健康教育宣传工作，除此之外，免费发放生命健康教育宣传册或宣传纪念品也是有效途径。通过这些方式，让生命健康教育在社会的各个角落生根发芽，营造一种珍惜生命的社会氛围，使学生无论是身处校园还是走入社会，都能够受到生命健康教育的影响。

同时，政府要加大对大众传媒的监管力度，尤其是对网络环境的监管，纠正和阻止扭曲大学生价值观的现象和媒介，如限制不良视频内容发布等行为都是政府纠正传媒导向的重要举措，以此为大学生思想的健康发展创造积极向上的社会环境。在传播伊始，加强对大众传媒的监管和信息审查，抵制不健康内容，维护大众传媒的稳定和安全，构建积极向上的传播环境；在管理手段上，制裁违反法律和道德的传播行为。大众传媒在政府监管下，需要发挥积极的宣传作用，为生命健康教育的开展营造良好的社会环境，这也是学校生命健康教育向社会延展的必然要求。

（七）营造和谐向上的人文生态氛围

文化对个体生命观的形成具有重要影响。全球化背景下，多元文化对大学生生命观的形成和发展来说是利弊共存的。一方面，多元文化为大学生生命观教育开拓了更广阔的思维空间，提供了新的发展思路，丰富了生命健康教育的内容；另一方面，多元文化让大学生接触到各种不同甚至相互冲突的价值观念，容易导致他们在强烈的文化碰撞中迷失自我，在精神家园中迷失方向，找不到生命价值的坐标。所以，营造良好的社会文化环境，需要做好以下三点：第一，要积极倡导主流文化，实现社会主义核心价值体系的文化认同。社会主义核心价值体系蕴含着崇高的理想和长远的追求，是一面引领社会价值取向的旗帜。因此，我们需要积极探索运用社会主义核心价值体系的有效途径，积极倡导和发扬主流精神文化，增强社会意识形态的凝聚力和吸引力，营造积极向上的社会文化氛围。第二，要充分尊重文化的多样性，促进主流文化与亚文化的深度融合。要在始终坚持社会主义先进文化的前进方向的基础上，实行“百花齐放，百家争鸣”的方针，争取在尊重差异中扩大认同，在包容多样中增进共识，凝聚力量，共同打造中华民族共有的精神家园。第三，要扩大并规范文化传播市场，建立健全的文化安全预警机制。文化的发展不能闭关自守，需要碰撞、交流、融合。但在碰撞、交流的过程中也会出现文化低俗化、平面化、西洋化的现象，所以，我们必须要有高度的警觉意识，强化文化安全观念，健全文化预警机制。

(八)营造积极健康的社会环境

由于受到消极社会思想的影响，当前部分大学生对自己的人生价值的认识出现了偏差。中国有句古话“蓬生麻中，不扶自直；白沙在涅，与之俱黑”，这句话形象直观地说明了环境的重要性，所以我们要对社会环境的建设重视起来，要为我们国家未来的人才创建一个好的社会环境，这样才能为大学生生命健康教育提供保障。大学生虽然大部分时间生活在大学校园里，但是他们也要接触社会，也要在毕业后踏入社会。现在社会中存在的低俗文化使整个社会环境遭到了破坏，这样就会对大学生的价值取向产生直接的影响。为了给大学生创造良好的社会环境，需要社会各界联起手来，共同努力。

本章小结

1.学校是大学生教育的主阵地,是其成长的重要场所。学生知识的获得、品德的塑造离不开学校的教育。学校在大学生教育活动中发挥着重要的主体作用。

2.学校生命健康教育具有专门性、系统性、稳定性的特点。

3.学校生命健康教育存在着课程体系不完善、体验性差、实效性差、文化氛围差、缺乏保障机制等问题。

4.优化学校的生命健康教育需要采取以下措施:一是要树立生命观念,形成教育体系;二是要完善体制机制,强化预防干预;三是要深入理论研究,丰富课程教育;四是要培养教师团队,强化师资力量;五是要丰富教育模式,注重学生体验;六是要营造学校氛围,注重文化熏陶。

5.家庭是孩子成长的摇篮,是学生心灵的港湾,也是他们成长的第一所学校。在生命成长的过程中,家庭教育承担着教导生命由蒙昧走向开化的使命,父母作为孩子成长过程中最初的老师,以亲子间的生命之爱,引导人从一个单纯的自然生命走向社会生命和精神生命所属的世界。家庭因素在大学生生命价值观的形成过程中起着重要作用。

6.家庭生命健康教育具有原生性、连续性、实践性的特点。

7.家庭生命健康教育中存在生命健康教育意识缺乏、生命健康教育内容分离、生命健康教育方式欠妥、家长素养不足、家庭氛围不和谐等问题。

8.优化家庭生命健康教育需要采取以下措施:一是树立生命健康意识;二是坚持正确教育理念;三是做好子女榜样示范;四是强化子女责任意识;五是培养子女生命情感;六是实施正确教育方式;七是营造良好家庭氛围。

9.社会环境不仅是大学生生命养成的沃土,而且还决定着学生在学校或家庭中接受的纯粹正向的生命健康教育能否在社会中找到实践环境,学校生命健康教育的一些基本认知能否免受干扰。

10.社会生命健康教育有着教育方式的多样性、教育内容的复杂性、教育素材的现实性等特点。

11.社会生命健康教育存在着社会对于生命的态度较为漠视、社会发展与变革导致教育功利化、激烈社会竞争带来生存压力、多元文化思潮的冲击、网络传媒对教育资源造成干扰等情况。

12.社会生命健康教育的优化可以通过以下措施:一是政府要加大关注的力度;二是完善社会保障的各项措施,为生命健康教育创造有利条件;三是制定有利于生命健康教育的方针政策;四是设立生命干预救助机构;五是发挥非政府组织的重要作用;六是营造正面传媒导向;七是营造和谐向上的人文生态氛围;八是营造积极健康的社会环境。

【思考题】

1.学校生命健康教育的优化途径有哪些?

2.家庭生命健康教育的优化途径有哪些?

3.社会生命健康教育存在哪些问题?

4.社会生命健康教育的优化途径有哪些?

—参考文献—

[1]郭元祥.生活与教育:回归生活世界的基础教育论纲[M].武汉:华中师范大学出版社,2005.

[2]石中英.教育哲学导论[M].北京:北京师范大学出版社,2002.

[3]李丹.认知发展视野下的生命教育[M].上海:上海教育出版社,2016.

[4]梅萍,等.当代大学生生命价值观教育研究[M].北京:中国社会科学出版社,2009.

[5]柴志明,何仁富.大学生生命教育论:首届"海峡两岸大学生命教育高峰论坛"论文集[M].北京:中国广播电视出版社,2010.

[6]欧巧云.当代大学生生命教育研究[M].北京:知识产权出版社,2008.

[7]江文富.生命文化教育导论[M].北京:北京高等教育出版社,2013.

[8]汪丽华.身心灵全人生命教育:历史、理论与应用[M].北京:中国广播电视出版社,2014.

[9]李泽厚.美的历程[M].北京:生活·读书·新知三联书店,2017.

[10][德]席勒.美育书简[M].徐恒醇,译.北京:中国文联出版公司,1984.

[11]朱光潜.朱光潜谈美[M].昆明:云南人民出版社,2017.

[12]宗白华.美学散步(彩图本)[M].上海:上海人民出版社,2015.

[13][德]卡尔·雅斯贝尔斯.大学之理念[M].邱立波,译.上海:上海人民出版社,2006.

[14]刘恩允,等.大学生生命教育研究[M].北京:中国社会科学出版社,2012.

[15]冯建军.生命与教育[M].北京:教育科学出版社,2004.

[16]李春茹.悦纳·完善·成长——大学生心理健康教育[M].重庆:西南师范大学出版社,2017.

[17]汪元宏.大学生心理健康教育新编[M].南京:南京大学出版社,2012.

[18]黄希庭.大学生心理健康教育[M].上海:华东师范大学出版社,2004.

[19]张进辅.青年心理概论[M].北京:高等教育出版社,2004.